緬北之戰

黃仁宇◎著

戰地記者黃仁宇

林載爵

一九四二年上半年，日軍占領了緬甸全境，印度岌岌可危，一旦失守，日軍可以直驅中東，控制印度洋。緬甸的淪陷對中國戰場也產生了嚴重的影響，滇緬公路被切斷，西南的國際交通僅靠飛越「駝峰」航線維持。因此，中、美、英三國都認為必須反攻緬甸。

一九四三年春，中國駐印軍的補充、訓練大致完成，反攻緬甸，打通中印公路的時機業已成熟。二月的一天清晨，黃仁宇和一群軍官作為先遣部隊，飛過「駝峰」到達印度的藍伽，設立新一軍的總部，此後一年半他就參與了反攻緬甸的行動，並且成為一名前線觀察員，當起了戰地記者，一邊服役一邊寫了十餘篇文章，投到當時最負盛名的《大公報》及其他報章。一九四五年三月結集後由上海大東書局出版，成爲黃仁宇的第一本著作。

做爲戰地記者，爲了凝聚意志力，他必須強調光明面，這是他日後在回憶錄《黃河青山》中的自白。但是，即便如此，他說他還是自有定見和癖好，那就是想在文字裡注意營以下的行動，而極力避免涉及高級長官，並且盡量以親自在戰鬥部隊之目睹爲限。這十幾篇通訊無法有系統地將緬北各戰役作一描述，但還是保存了幾場戰鬥的細節，包括兩次戰車攻擊，一次飛機轟炸，一次負傷和幾次步、砲兵的戰鬥。儘管是紀實報導，但讀者已經可以深刻感覺到黃仁宇的小說技巧，每篇文章有情節、有鮮活人物、有高潮迭起的戲劇性發展、有作者的感懷與意念。透過這本書，我們一定會有同感：黃仁宇日後深具魅力的歷史寫作方式原來是其來有自。

「軍人的生活像一團夢，整個人生的生命又何嘗不像一團夢！」〈八月十四日〉），這場緬北之戰對黃仁宇的人生觀顯然有一定的影響。晚年回顧這段歲月，他說，每天都有人被炸斷腿，頭顱大開，胸部被打穿，屍身橫在路邊，無人聞問，他看到的人類痛苦不知凡幾。但是，當死亡不過是一瞬間的事，而生命降格成偶然的小事時，個人反而從中解放。戰爭帶領人們進入生命中稍縱即逝的重重機會及無比神秘之中，因此，戰爭無可避免會引起各式各樣的情緒及感懷。

這樣的情緒及感懷只能藉助日後的回憶加以抒發。〈拉班追擊戰〉一文中提及，他看到一座橋下歪倒著一個敵人的屍體，頭浸在水內，他是一個大尉，旁邊的樹枝上晾著泡濕的地圖和英日字典。黃仁宇在戰地報導中平實地記錄此景，毫無私人情緒。然而，這一幕卻讓他久久無法忘懷，以至於在《黃河青山》中，他多了這樣的感懷：「毋需多久，我就發現死者和我有許多共通點，屬於同樣的年齡層，有類似的教育背景。在死前一天，他還努力溫習他的英文！誰敢說他不是大學學生，脫下黑色的學生裝，換上卡其軍裝？想想看，要養大及教育他得花多少心力，接受軍事訓練得花多長時間，然後他在長崎或神戶上船，經過香港、新加坡、仰光，長途跋涉的最後一程還要換搭火車、汽車、行軍，最後到達在他地圖上標示著拉班的這個地方。千里迢迢赴死，喉嚨中彈，以殘餘的本能企圖用手護住喉嚨。」接著，黃仁宇又加上了一段神來之筆：「在孟拱河谷這個清爽的四月清晨，蝴蝶翩翩飛舞，蚱蜢四處跳躍，空氣中瀰漫著野花的香味。而這名大尉的雙語字典被放在矮樹叢上，兀自滴著水。」

在〈密芝那像個罐頭〉裡，他描述雲濃雨密下，負傷將士的擔架不斷扛來。一隊美國兵卻依舊英雄氣概地站著，一動也不動。有些傷兵在呼叫，有些傷兵雖不呼叫，而他們失血的臉卻是那麼憔悴！戰爭是殘酷的，但這是一幅多麼生動的畫面！對於這群美國步兵的感懷，他保留了四十多年，在《黃河青山》中才作出表白：「傾盆大雨無情地下著，這些士兵肩荷著卡賓槍，顯然在等候出發的命令，全都站著不動，不發一語。我能說什麼呢？要我說他們英氣勃勃地站著，堅忍不拔，昂然挺立，決心承擔戰爭的重任，忍受惡劣天氣的折磨？他們的眼圈和無動於衷的表情都讓我別有所感。下雨會讓他們想家嗎？想到九千英里之外的家鄉？」目睹這一場景幾天之後，就在密芝那，一九四四年五月二十六日，在一場戰鬥中，黃仁宇的右大腿被三八式步槍擊中貫穿倒地，所幸沒有傷及骨頭。「我一生永遠不會忘記這一天。」黃仁宇這麼說。

本書在出版六十年後重新問世，正可帶領我們進入黃仁宇心路歷程的出發點，對於黃仁宇的人生觀與歷史觀當有更多的了解。

目次

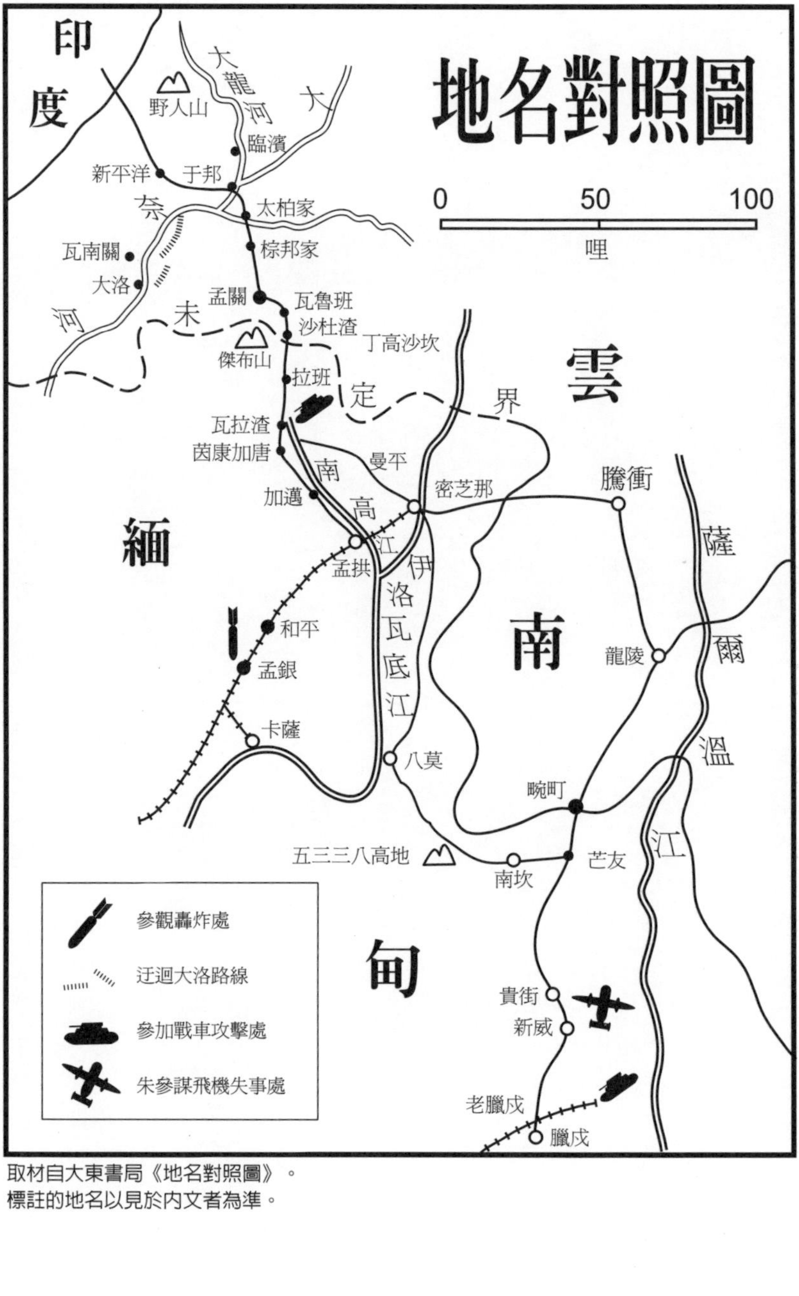

取材自大東書局《地名對照圖》。
標註的地名以見於內文者為準。

更河上游的序戰

各位看地圖，知道印度沙的亞以南和孫布拉蚌以西有一段地區，上面蓋滿了重重疊疊的等高線，又點遍了圓葉樹的記號，國境線到這裡就斷絕了。這裡是屬於中緬未定界的地區，我們稱之爲野人山。顧名思義，大家都可以想像這是怎樣的一塊蠻荒野地。

這裡的樹林，綠得發青，又青得帶腥。在樹林裡面，只聽得山下急流嘩嘩作響，枝葉叢裡的昆蟲鳥獸各發妙音；此外就不知天昏地暗。山洞門口有時伸出一個蛇頭，頂上樹起紅色之冠，當它張開血盆大口長吼一聲時，心雄萬丈的壯士也不免望而卻步。在這

1943年10月，在P-40戰鬥機掩護下，中國軍隊向北緬進軍。

樣一個馬爲卻行人爲涕下的絕域裡，我們的「國立」部隊，正在以刺刀與手榴彈，寫著一首血的史詩。

「國立」部隊是去年在緬甸山谷裡五月長征的精銳。他們的足跡曾遍涉伊洛瓦底江和更的宛河的南北。一年以來，馬更肥，人更壯，兵器愈犀利，鬥志愈旺盛。十月廿八日，他們奉了統帥部的將令，爲了保護「東京路」，決定予敵人以無情的打擊。

十月二十九日，他們擊破了敵人的抵抗，進入了更的宛河上游諸流匯合的地區；占領了被敵人占領了一年多的新平洋，和大洛西北的戰略要點瓦南關。捷訊傳來，中外歡頌。

就在這時候，敵人利用後方聯絡的便

利，由加邁以南運到了大量援軍以及迫擊砲和野砲，使他們在人員與火力兩方面都占優勢，但是「國立」部隊仍以高度的犧牲精神和精練純熟的技術，發揚著中國軍人既堅且韌的特性，與敵人奮戰。

十月三十一日、十一月二日、十一月初十日，都是短兵相接、前仆後繼、血滿溝渠、天驚地震的日子。主要的戰鬥發生於大奈河及大龍河的交滙線，以及以北的于邦和臨濱。每至機關槍與迫擊砲和奏、山鳴谷應的時候，我忠勇將士無不視死如歸，裹傷猶戰。激戰至十餘日，不僅敵人企圖消滅三角地區的我軍未能達到目的，反而將新平洋的外圍據點如臨濱、沙牢等地讓給了我們。檢視戰場，屍塡丘壑，血灑荊棘，敵我的損害均重。但是我軍占領了橋頭堡陣地多處，在三角地區的腳跟就站穩了。

敵人在右翼既無進展，又打算在左翼占領一兩座高地，以便威脅我軍側背。自十一日起，由津川直志少佐親率敵軍五百餘人，由大洛北犯，猛攻瓦南關以南我軍陣地。豈知出馬不利，十一日敵軍一百六十餘人輕率北進，我道路伏擊隊僅以一排兵力前後左右夾攻，大部敵人應聲而倒，僅餘少數倉皇遁走。從此敵人北望踟躕，此身正在深淵，前進一步便是死所。而我軍則在掃除戰場，計算擄獲，增強工事，預備敵人再度來犯。

滇緬公路上十萬築路大軍。

不出所料，十二、十三、十四直至十六日，敵人都再三北犯，這是一幕既悲且壯的戰鬥。我軍居高臨下，敵人你儘管來，只要你們繳納死稅。幾次敵彈命中我陣地，爆音、破片、煙硝與血肉在叢林裡面飛舞，可是我們戰士無所動乎中。至十六日，僅以敵人遺留在我陣地前的屍體而論，就達百餘具，裡面經隨身文件證實的軍官，有荒木中尉與山下大尉。後者經查爲敵人在此方面機關槍中隊的中隊長，即此一點，可見戰鬥之激烈。在此次戰役中，各單位士兵能夠勇敢沉著，奮勇抗戰，已經高級司令部傳令嘉獎。而我趙振華上尉在混亂中仍然精細指揮，奮不顧身，洵屬可貴。

十六日之後，敵人在右翼方面得到增援，戰事的重心又返該翼。二十二日敵人以山砲及迫擊砲向我陣地猛烈射擊。入夜敵人由加任方面偷渡成功，使該方面我孤軍陷於苦戰。但是敵人並沒有得到什麼。敵人渡河西北犯的部隊達五六百左右。臨濱之圍，達四晝夜。我少數官兵曾忍過砲擊，拚過肉搏，修過工事，挨過沉寂，血汗交流，從無休歇，至二十六日始得解圍。而敵人早已損害慘重，既不能攻，又不願退，徘徊悵望於我軍陣地前的死人堆裡……。

十二月之後，天候轉涼，白晝更短。我前方戰士的挺戰卻愈加興奮，而戰果也一天比一天豐碩。十二月一日臨濱之戰，我小部隊被敵砲集中射擊達六小時，又被數倍之敵三面圍擊，從午前十一時戰到日暮，我軍斃傷敵百餘人，檢視我軍，戰死及受傷者不過十數人。于邦我軍，從十一月二十三日獨立作戰以來，至今近月，被敵包圍達十餘次，敵人不過圍著村前村後灑了一道血的圜圈，青天白日旗下的陣地屹然未動。在這些創造光榮紀錄、樹立優良傳統、發揚民族精神的戰鬥裡，李克己少校和劉景福上尉都〔有〕卓著功勳。

截至目前為止，敵人已經再竭三衰，日來每次潛行退後幾百公尺，輕輕掘著急造工事。戰友的屍骸，鮮明刺目的日章旗和整件的兵器……都聽任縱橫擱置在這座陰森的原始森林裡……。

在山岡上，在大樹旁，在灌木叢裡，在村落邊際，「國立」部隊的壯士，卻重新準備刺刀與手榴彈，準備寫完這首血的史詩。

民國三十二年十二月二十日寄自印度
十二月卅一日《大公報》

緬北的戰鬥

叢林內的陣地攻擊

我駐印軍在緬北的戰鬥，經過去年十月與十一月的艱苦支撐，終於達到了爭取時間掌握主動的目的。最近胡康河谷在風和日暖的條件下又度過了一個新年，我忠勇將士也一鼓作氣地在大森林裡突進四十英里。俯視戰跡，尤其追念臨濱、于邦我少數部隊困守孤村的精神，令人可泣可歌。戰線向南推進以後，士氣愈爲旺盛。無論在殺傷、擄獲以及戰術戰略的成就上講，都可以打破紀錄，樹立新軍的優良傳統。

中國遠征軍正在緬甸修復一條被大水沖毀的橋梁。

臨濱、于邦我軍之完全解圍，開始向敵人轉移攻勢，始自耶誕前夜。我××部隊派遣的掃蕩隊，經過精細的搜索和嚴密的部署，毅然向村莊西北敵中村中隊衝擊。這一場戰鬥，每一寸的進展都是披荊斬棘和冒險犯難：在一片陰森的原始森林裡，上面有敵人以鋼板構築的鳥巢工事，下面有俯拾皆是的觸發地雷；部隊散開之後，前後不能兼顧。但是我將士顧念戰友的艱難及賦予本身任務之重大，仍然在敵人火網之下步步躍進。機關槍永遠是那麼喋喋不休，迫擊砲一聲聲狂吼，偶然一陣地裂天崩，接著煙飛樹倒，我汗流浹背的將士卻仍然前仆後繼地一貫突進。二十四日午後，兩軍相持未決，各單位幹部親持衝鋒槍，作為士兵楷模，在隊伍之前以火力指揮。入夜之後，依然衝殺未已。耶誕日黎明，各班排相繼接近敵陣，手榴彈與擲彈筒發揮威力，戰鬥更趨激烈。一直戰至午前十時，槍聲較稀，掃蕩隊突入敵陣。荒草叢裡，到處籠罩著一層煙硝與灰土，縱橫僵倒的都是敵人遺棄的屍骸，裡面有中隊長中村大尉等官長四員。擄獲的戰利品有重機關槍兩挺、步槍二十八枝、指揮刀和未用的地雷多件。這次戰鬥不僅使獨立作戰的部隊出圍，而且使我軍掌握著主動權，開始了以後方興未艾的攻勢。

十二月二十八日，掃蕩隊以新勝的餘威攻擊于邦主陣地。我砲兵隊在這次戰役裡發生了很大的功效，幾乎像挖泥機〔一〕樣把敵人陣地翻轉過來，又以樹桿泥塊和灰土替他們造了一所集體的墳墓。除夕之前一日，敵人自視死傷過重，前左右三面既爲我軍的火口所狂吞，後面又是滔滔不絕的大龍河，頂上還有美機所播散的彈雨，只能以一死相逃避。當我步兵勇士提著衝鋒槍挺進的時候，敵人陣地內一聲聲爆炸，大多數敵人已橫屍在工事裡，化作胡康河谷之露！現在經掃除的戰場，發現敵屍已達一百四十二具，裡面包括這方面的指揮官管尾少佐以及大隊指揮所的軍官六員，奪獲重機槍三挺、步槍七十一枝、指揮刀三把。盟軍軍官參觀戰場後，亦復歎爲森林攻守戰的傑構。

歲序更新，我軍繼續渡河攻擊。戰士們俯視大龍河澄清的河水，洗去了面上的征塵，忘卻了兩月以來的疲勞；並且慶幸愈前進一步，便愈近國門一步。

河東依舊是仰不見天日的叢林，深林裡面又蜷曲著數不清的溪流。敵人從臨濱、于邦至此，幾次攻防，已經筋疲力盡，精神上更受著無限痛苦的打擊。沿途退卻，早已士無鬥志。一月十三日，兩岸各據點完全被我肅清，敵人散布於各處的屍體，經我掩埋隊收集達四十餘具，河中流水、河上沙洲和河岸青草處處都是殷紅血跡。

十四日和十六日，我軍占領大堡家和喬家兩村落，預期敵人堅強的抵抗也不見蹤影。因爲我軍處處掌握著主動，所以無往而不利。十七日我李支隊出現於敵人的左側背孟養河畔，敵人曾抽兵與我〔軍〕在兩岸血戰三晝夜，支隊殲敵百餘，仍然持續前進。

截至現在爲止，大奈河畔的戰略要點太柏家已被我軍占領一部分；二十日夜敵以舢舨向南退卻，遭我輕重兵器奇襲，大多數渡河器材都被擊中倒翻河中。太柏家是一年以來敵軍輸送補給的要點。擄獲的敵件中也明確地說明敵人準備輸送重砲兵至此作戰。但是現在形勢很顯然，這座拉加村的命運將決定於這數日之內。

大洛的奇襲

在新卅八師主力部隊的攻擊將要明朗化的時候，新廿二師六十五團銜著同一重要的任務，去收拾大洛谷地的敵人。這時候大洛的敵人正向拉家蘇仰攻不下。團長傅宗良決沿更的宛河左岸直趨大洛的側背，這是危險、艱難但是爽颯的戰術。

部隊渡河之後，找不到地圖上所有的點線路。土人說：五年以來沒有人走過這裡。奇襲隊就偏要做五年不來的訪客！他們以快刀利斧在密密的叢林裡開路前進。蘆葦、紅藤和縱橫交錯的枝桿逐段肅清，但是部隊窮一日之力，只能行進兩三英里。

萬一行進方向錯誤？過早被敵人發現？遭遇敵人伏擊？森林裡面入暮迅速，煙雲飄渺，虎嘯猿啼，處處刻畫著野人山上的惆悵。我縱隊在無限淒涼的條件下前進。第七日，前衛首先發現獵物，這一週的辛苦摸索總算得了相當代價！

第一批獵物是敵軍一小隊，正在河曲處構築工事，我軍滲透至敵軍的側背，然後四面合擊。這一場戰鬥，只殺得敵人遁逃無處，戰鬥不過幾小時，敵人無一生還，陣地轉趨沉寂。我忠勇將士們檢視戰場，雖然手足面部都爲幾日沿路的蘆葦、碎石、尖刺割傷，現在他們都溶浴在殺敵的壯快裡，不知道尚置身於野人山上！

敵人前哨既被殲滅，部隊長欣喜無似，雖然企圖已被敵人發現，以後已進至較有利的地形，俯覽谷地，不過六七英里。爲了戒備敵人的埋伏，縱隊還是周密而謹慎地蠕蠕前進。一月十七日敵人由大洛派遣一縱隊北上，這第二批獵物，包含步兵兩中隊、重機關槍四挺、迫擊砲和山砲各兩門。在敵人的夢想，前哨小隊總還可以獨立作戰到若干時候。不料剛至百賊河南岸，就已進入六十五團的天羅地網。我縱隊長眼見這麼肥碩的獵品一頭頭進入陷阱，驚喜得要在樹葉上掉下眼淚。這次廝殺經我軍拾起的敵屍已達一百八十二具。罄其所有的輕重機槍四挺，都依次在「該團戰利品清冊」上簽過到。七五榴彈砲兩門雖經敵人推入河中，現在經我重撈獲一門，並且這次戰役中我軍只傷亡十餘人，爲前所未聞的紀錄。聯絡官聞訊，不住地蹺起大拇指向我軍兵叫「頂好，頂頂好！」

現在奇襲縱隊已經改奇襲爲強襲，正在走下山坡準備突入睽隔經年的大洛村。敵人橫線已被截斷，我軍官兵的自信心極高。回憶當由緬甸退卻時我們在這個村莊內接過投糧，又在那處渡口撐過渡船，現在一一都在山下，但是今昔的心情相比，我們是如何勝過前年！

緬北戰鬥

緬北戰鬥，是國軍二次入緬的序戰；以後真面目的戰鬥還要千百倍劇烈於今日。但是我們有充分的自信，我們一定能夠幹得很好。過去我們在報章雜誌上，在演講辭上，發表多少次，只要我們有飛機大砲，我們可以迅速地打敗敵人。今日我們已經拿出事實上的例證，足見以前的論斷確切不虛。

我們的指揮官隨時專注攻擊與主動，我們的士兵相信森林戰的能手是我們自己而不是敵人，我們的聯絡交通比敵人方便，我們的補給比敵人完滿……凡是從前敵優我劣的地方，都反了一過面。從今以後，可以讓敵人細細咀嚼兵器落後的滋味。

但是我們也要感謝盟軍官兵，以上各戰鬥裡，他們無役不從。他們飛著「海鯨」和「鯊魚」，他們不僅協同作戰，而且將我受傷將士運返後方，在我軍士氣上予以莫大的支援。

運輸繁忙的滇緬公路。

那些辛勤開路的工兵，那些籌辦後方補給的人員，以及各野戰醫院與後方醫院的軍醫與護士，都不能僅以一聲「多謝」道盡我們心上的感意。沒有他們的互助，不能開放這朵同盟合作的奇葩。

孟關之捷

二月十六日

二月十六日午夜，胡康河谷的叢林上罩著一重薄霧，布朗河北岸的健兒已經涉入冷徹筋骨的河水，進行著一處局部的包圍；太柏家東西，砲聲斷續不已。這時候月落星稀，夜涼如浸。××部隊的指揮所自部隊長以至幕僚，正在圍著煤油燈四周，不時用紅藍鉛筆在軍用地圖上畫著……。

大家的注意力集中於日文翻譯官。這位二十五歲的青年，戴著高度近視眼鏡，一手撫著額頭短髮，一手正在彈藥箱上執筆疾書。現在他的工作是翻譯一份敵件。過去留學東京的七年內，他已經把滿紙的假名弄得爛熟；所以，現在他毫不費力地工作著，一轉眼間，已經寫下了一大篇：

「師團以殲敵於孟關附近之目的，決將主力轉移至孟關以南……。」

部隊長默然無語，四個月的疲勞已使他消瘦了很多；加以最近立誓孟關不剃鬚，弄得滿臉于思。但是今夜滿眶紅絲的眼睛裡閃耀著一種說不出的喜悅。于邦、臨濱、太柏家、孟養河，多少次的攻堅守險，多少鮮血熱汗，這些勞力終於沒有白費，明天天明之後，就是我們收穫的時候到了。

他輕輕嘘了一口氣，在一角燃著一支香煙，計畫著明天，想像著後天……幕僚們依舊在工作著。

日文翻譯官首先打破這一團人的靜肅，「這裡有一點看不懂，什麼長久部隊要占領樫陣地……。」

情報參謀走上去：「沒有什麼，這是他們的鬼把戲，你就寫第五十六聯隊應占領腰邦卡之線。——或者你就照原文寫，我們都看得懂。」

他們一直工作到午夜二時，地圖上已經布滿了隊標隊號。部隊長的決心早已妥定了，「叫他們追擊——」然後手指按在圖上：「右側支隊迅速奪取這幾個制高點——通信補給的情形由幕僚長決定一下。現在敵人恐怕已經發覺我們拿到他的退卻命令了；所以——一切要快。」

他們的動作是極盡其快：半小時內，部隊長的決心，幕僚長的要領，其他人員加入的細節，經過作戰參謀的手筆，已經變成了作戰命令。機器腳踏車上的排氣管突然勃勃作響，作戰命令已經隨著輪胎駛向第一線去了。

部隊長已經回到吊床上去休息片刻，但是，煤油燈下還是有人在工作著。這件命令由日文翻成中文，又要由中文翻成英文，以便明天「鯊魚」和「海鯨」起飛的時候多點參考。現在我們可以聽到英文翻譯官的打字機很清脆的連放，和他們在燈下的對話，「這旅團長和田俊二，日本音怎麼讀法？」

「愛達長幾——」日文翻譯官慢慢念著，又在拍紙簿上用大草畫著「AIDA—JUNJI」。

「日本鬼子真愛找麻煩，明明寫著和田俊二，又要念什麼愛達長幾——」英文翻譯官一面發牢騷，一面照著拍紙簿上的幾個字母向打字機鑰上使勁地戳著。

可是他不知道五英里以內，叢林的另一角內和田俊二旅團長正在發脾氣：「馬鹿夜郎，要你們將校傳令也會失蹤！」

月亮又隱起來了，××指揮所靜寂了沒有多少時候，電話鈴子又響起來了，這次是部隊長在講話，部隊長在吊床上接到第一線的電話：

「喂喂！是的……我是三八七……喂喂！」

傳達排的機器腳踏車已經回來，正在向哨所衛兵發出暗號。

二月二十日

二月二十日午後，天氣燥熱，氣壓很低，一片片烏雲在枝葉空隙裡飛過去。大奈河通棕邦家的公路上特別有一種陰鬱沉悶之感，久經戰場的戰士知道這是慘烈戰鬥的徵兆。但是，雖然如此，戰士們的心情依舊是輕鬆的。公路左側的蘆草一動，可以聽到上等兵李明和的低聲自語：

「他媽的，又是他媽的乾螞蝗……。」

周自成回過頭去，看到李明和的左褲腳上血紅了一大塊；一條肥滋滋的乾螞蝗，肚子裡脹飽了血。李明和愈是用手亂爬，螞蝗把頭尾的吸盤釘得愈緊，血仍舊不停地放出去。

「不要揣嘛，越揣越緊……。」周自成把李明和的手拿開，右手抽空對著螞蝗上猛力一打，螞蝗的頭尾一鬆，就掉在地上。

血仍舊在流，李明和也不管，翻開地上的亂草找住螞蝗，用皮鞋一陣亂擦。螞蝗看不見了，蘆草倒了一大堆。

「踩沒用場，……你把它燒成灰，擺在瓦片上露一晚，隔天起早一看它又活了。」周自成說著，一面把鋼盔取下來擺在膝蓋上，就率性把話匣子打開：

「那天我在那頭打死那個日本軍官，那螞蝗才凶，看到人攏都攏了，動又不敢動……。」

「你還講，你爲什麼要把他打死呢？要是我就要捉活的……」

「哪樣不啊！我走到他後頭用刺刀對準他，用東洋話喊（日散司洛），他就摸手槍。我想一槍打到他肩膊上，沒打得好，把胸膊打穿了，才攏個樣子死了嗎……」

李明和看他敍述得令人發笑，學著他的川話問：

「你又攏個樣子曉得他有退卻命令呢？」

「我也不曉得啥子退卻命令。我一摸，身上還有兩張東洋票子、三張紙。我把他屍身往樹林裡一拖，拿著手槍、他的東洋帽和那幾張紙就跑回來。後來連長說別的不要緊，那三張紙倒是敵人的一道退卻命令。說我有功，要報到上頭替我請一個牌牌。幾張東洋票子倒讓兩個白美硬是要去耍去了，我也不管……。」[1]

李明和逗著他問：「銅牌牌有啥子用場喲！打仗也不能掛。還是要連長幫你請五十個盧比倒可以買個手錶……。」

周自成沒有回答，並且慌手慌腳地把鋼盔戴了起來。

李明和回頭一看，後面草裡面排長來了，馬上把頭低下。

排長把手裡的小樹枝在周自成的鋼盔上輕輕的敲著，一面說：「真是丫亞無，敵人把你們擡去了你們還不知道。」

周和李都把頭更低下去了，但是排長並沒有繼續責備。

「現在告訴你們：敵人馬上就要向孟關退卻，我們在這一路埋伏，就是要斷絕敵人的交通，盡量地不讓他們回去，也不讓他們增援上來。我們可能對兩面射擊，現在你們再不准談話；留心看第三班在那大樹上拉的那根藤。如果發現藤向左右移動，就是發現

1　駐印軍士兵稱美軍中黑人爲黑美，白人爲白美。

了敵人，各人做預備放的姿勢——但是還不要射擊，看到我的信號槍打綠色照明彈，大家才開始射擊。你們不要隨便跑出去，或者姿勢太高，恐怕妨礙樹上的射手……」

排長向第一班那邊去了。

不知道什麼時候，烏雲上面開出一個洞，洞口照出來一線陽光。樹枝上透過來一陣輕風，帶著樹葉清香，林子裡面只有鳥啼，人都屏息著呼吸。

一分鐘一分鐘地過去了。

李明和有點睡意。——但是，現在公路北端發現馬蹄的聲音，又好像沒有，又有了，好像是去的聲音，結果還是向這邊走過來的。李明和回頭一看，青藤已經開始動了，他趕快打開衝鋒槍上的保險機，周自成已經拿出跪射預備的姿勢，而且閉上了左眼。

時間仍舊是一分鐘一分鐘地過去。

敵人果然來了，前面兩個搜兵笨頭笨腦地經過設伏的位置。樹葉裡看到白亮亮的刺刀，逼著眼睛叫人暈眩。李明和一想：不好了，自己蹲的地方一定給這鬼搜兵發現了。不，他的擔憂是多餘的，這兩個傢伙匆匆忙忙地走了過去。青藤又左右動了兩次，但是沒有信號彈，只好讓他們向孟關那邊去了。

馬蹄更響近了，不僅馬蹄聲，還有馱馬不耐煩的呼氣和馱鞍上的木箱碰在鞍架上，以及皮鞋踏在公路上的聲音。

兩百公尺以外，李明和看到一個日本軍官騎在領前的馬上，沒有戴鋼盔，痰盂形的軍便帽上有一顆亮晶晶的金星。後面一縱隊士兵，驅策著馱馬一步一拐，李明和一點沒有看錯，馱馬上馱的重機關槍。

敵人的行軍縱隊已經到了第一班的正前，還是沒有看到排長的信號槍。李明和的衝鋒槍由敵人的指揮官瞄到第一匹馱機關槍的馱馬上，看著這匹馱馬又走過去了，還是沒有看到排長的信號槍，李明和不由得一陣發急：該不是排長跑到哪裡睡著了？睜眼看去，這批敵兵都是矮小愚笨的樣子，步槍背在背上，鋼盔掛在手臂上，頭上都冒著熱氣，連彈藥箱上漆的白字都看得清清楚楚。李明和覺得自己的心臟要跑出來一樣，頭上有些潤濕。……

「冬——司——」

綠色信號彈突然從公路左邊樹頂上俯衝下來。

李明和對著一匹馱馬趕緊射擊，但是後面樹頂上的輕機關槍先開了火，已經把這匹馱獸和兩旁的敵兵推倒在塵土三十公分的公路上，灰土上已經染了一灘鮮血。

公路兩邊的大樹都怒吼了起來，敵人應聲躺在灰土上。

近處的蘆草也跟著怒吼起來，敵人籠罩在煙塵裡。

李明和瞧著煙灰未散的地方還有兩三個敵人站著，又對他們射擊了一個彈夾。

三月五日

三月五日早上，寒氣未散，視界朦朧，但是樹梢頂上透過來的晴光，又可以斷定今天是一個大晴天。

孟關的十英里內外都是平原，平原上長著小叢林，林內片片林空，林空上面生著叢草。

「機械化的祖宗」在訓話，這位「祖宗」還不到三十歲，面上的肌膚和加蘭人差不多[2]，因爲他是上海戰役攻虯江碼頭的元老，所以有這樣的綽號。

「敵人的第十八師團企圖退卻，但是正面友軍把他們膠住了。左翼友軍已經深入敵後，現在只要我們殺開一條血路，使敵人迅速崩潰。關於敵情、聯絡以及作戰種種規定，

2　印語「加蘭」意爲黑色，駐印軍官兵多呼印度人爲加蘭人。

昨天晚上已經和你們排長以上說過，並且要你們排長告訴你們，想必大家都知道了。我現在告訴大家的：就是大家要知道，司令部把首先進入孟關的光榮讓給我們，我們大家得要爭氣。並且這是我們部隊成立以來的第一砲，第一砲打得不響大家都丟臉……」

「機械化部隊作戰沒有旁的，就是要膽大心細！大家照著規定做去吧，敬祝各位勝利！」

五點差十分，幾百匹馬力開始怒吼。五點，這群××嘶重的傢伙跟著開山機到攻擊準備位置去了。五點五十，他們脫離了開山機，一個個排成戰鬥隊形，大家嗚嗚叫著排山倒海地向南面去。

穿山甲很輕巧地換著排擋，從潛望鏡裡望著左前方排長車上的紅色三角形。心裡奇怪：怎麼還沒有遇到敵人的平射砲和地雷？……第二參謀所說的：敵人每個中隊有十個氰酸手榴彈，專門對付戰車，可不知道什麼樣子？——他有一顆年輕而好奇的心，他希望今天打一次頂熱鬧的仗。

車子爬上一座小坡，衝斷一根二十公分的樹桿，繼續下坡，他把左操縱桿輕輕後推，使車身向左，保持和排長的距離。

引擎上發出的熱量和噪音令人窒息，穿山甲把額上的汗揩了。不知如何觸動了靈感：「這和大演習差不了好多。」但是話沒有說完，一顆榴彈的爆煙在前面開了花，接著又有幾顆彈花在附近開放，被彈面似乎和隊形很吻合，空氣的震動能由掩蓋的空隙透進這×英寸的裝甲。穿山甲有些猶疑，但是經驗豐富的車長將傳聲器轉在車內人員的聽話器上，帶著一種安閒的語調說：「加油，對直前進，敵人用的好像是一種曲射兵器，不要理他，我們快要脫離危險界了。」

他們仍舊對直著前進，始終就沒有遇到敵人的平射砲。途中唯一的障礙是三號車子碰到一顆觸發地雷，履帶炸破了，車身翻倒在樹草叢裡。三號車長利用車內無線電話報告：「就是履帶壞了，車身和引擎都好，沒有人受傷。」第四號車子趕上去遞補了隊形的空隙。

外面太陽漸漸爬高，車內三公分七的大嘴在狂喊，副駕駛手的機關槍也在喋喋不休。穿山甲感覺得襯衫已經濕透了，全身的血管都膨脹著，皮膚上每個汗管成了一條噴泉，嘴內異常乾梗。

就是這樣地衝進了敵人陣地，敵兵以機關槍對著潛望鏡和無線電桿作徒勞的射擊。穿山甲頂上的「三七」向敵人機關槍巢大叫一聲，這幾個可憐的傢伙已經連人帶槍在塵土起處靜默。

還有一堆散兵躲在工事裡面，這是槍砲的死角，穿山甲一時興起，決心「蹂躪」他們一下。車子突駛在敵兵壕的胸牆前面，左駕駛桿拿到底，車子作了一個三百六十度的大旋迴，履帶下的泥土把這堆獵物活埋起來。

車長又把傳聲器轉過來，叫著：「好啦，給你玩夠了，後面跟隨來的步兵會收拾他們的……快趕上去。」

穿山甲把油門使勁地踩著，車子飛過敵人的工事。

太陽爬得更高，戰鬥隊形已經超過孟關了。

三月九日

三月九日午前十時，××指揮所已經隨部隊推近到□□村附近。通信兵剛把電話架好，這一片葉綠叢裡馬上活躍起來了。

戰局順利，這些幕僚們忙著自己的業務。青蔥樹下，日文翻譯官和福岡來的鹽塚義與長崎來的谷本正直對坐著。翻譯官給了每個俘虜一支香煙，鹽塚義和谷本謙卑地彎了彎腰，口裡喃喃念著：「阿利阿達喔可薩依馬司。」

作戰參謀在指揮車引擎蓋上攤開了一張軍用地圖，上面有很多紅的圓圈和藍的箭頭。這些村鎮上面都用阿拉伯字表示占領時間和進入部隊：孟關上寫的三分之五，新板上寫的三分之六，這都屬於穿山甲他們的一隊。孟關東南十英里的瓦魯班寫的三分之九，這屬於李明和他們的一營。更南的占木驛和丁高沙坎附近也寫的三分之九，這是另一支隊。

另一位作戰參謀在拍紙簿上計算戰利品，在擄獲報告表上登記著：

裝甲汽車（完好）二輛，
七五山砲（缺瞄準具）×門，
四七平射砲……
三七平射砲……
……
……

部隊長並沒有抽空剃鬍鬚，已經坐著指揮車到前線視察去了，幕僚長看著參謀們的工作，一面問：「從追擊開始，我們打死多少敵人？」

「已有的數字是一千七百三十一人，但是報告並沒有完全。」

「不必等待數字的完全，我們將現有的概數報告上去。」幕僚長走了。

情報參謀和作戰參謀談了幾句。

作戰參謀跑回去追上幕僚長：「報告參謀長，現在俘虜說：敵軍殘部因為東南公路被我們截斷，開始從森林裡運動，想由二二七七高地附近渡河沿上山的點線路向西南退卻，這和我們的判斷符合。我們要不要再下一個命令要右側支隊派人去封鎖這條路呢？——問題是因為部隊長自己也到這方面去了。」

幕僚長很乾脆地回答：「我們還是下一個命令。」

作戰參謀回到指揮車畔，抽出鋼筆在一張稿紙上寫下「×作命甲第七一號」。

森林裡面彷彿有蜜蜂嗡嗡的聲音。

友軍的「海鯨」正從指揮所上空飛過去，無線電臺和電話總機像前線的機關槍一樣的嘮叨不休著。

拉班追擊戰

擊破敵人的抵抗線

三月下旬，我駐印軍爭奪傑布山以南的隘路，與敵十八師團殘部發生激戰。三月二十一日開始於康勞河北的陣地攻擊，持續達一周。敵我常常在幾碼甚至一株大樹之下膠著。叢林中，隘路內，敵人堅強工事之前，既不能展開多量兵力，也無從施行細密的搜索，我新廿師六十六團奮勇以衝鋒槍、手榴彈——尋求敵人步兵與之接戰。該團過去在腰邦卡，曾經以一敵六，創造以劣勢兵力獲得輝煌戰果的奇蹟，這一場戰鬥，更使該團的軍旗生色。雙方的火線由二十碼而十碼，推至五碼，甚至接觸，重疊，交錯。而這樣一條犬牙交錯的戰線，隨著敵我的接近，因為攻守兩方戰鬥精神的旺盛，以致處處開放著投擲兵器的彈花。戰鬥最慘烈的兩日，步兵勇士連續以手榴彈投入敵人掩體的火口內，但是被敵人在未爆發的瞬間拾著投擲回來。在某一處工事之前，相持達幾十分鐘，某無名勇士一時奮起，自願與敵人同歸於盡，以五指緊握著已經發煙的手榴彈伸進敵人的掩體內聽候爆炸，終於將藏匿在內的四個敵人一一炸斃。攻擊北岸一處碉堡時，張長友上士遍身束縛手榴彈衝入敵陣。這種高度的犧牲精神，不僅使敵官兵感到震懾，盟邦人士亦為之驚駭。三月二十六日，我軍攻擊敵加強中隊陣地一處，敵官兵九十七名頑強抵抗，戰鬥結束，我軍發現敵屍九十四具，殘存三人狼狽逃遁，某班長拔出刺刀作飛鏢，中其中之一人。二十七日，六十六團繼續攻擊高樂陽附近的陣地，團隊長是一位勇敢好沉思主張出敵意表的將才。他的攻擊準備射擊，耗用了近兩千發的砲彈，然後找到敵人陣地的弱點，施行中央突破及分段席捲。二十八日敵人不支潰退。十天之內，我軍為敵掩埋三百具屍體（計算敵軍傷亡當在一千以上）。擄獲敵砲四門、輕重機槍十二挺。

同日六十六團迂迴至敵後的一支隊，以及密里爾將軍統率美軍相繼到達敵後交通線上。雖然敵軍在以西的叢林內另闢了一條汽車道，但是主要抵抗線既被擊破，側翼又受威脅，不得不往南逃命。二十九日之後，我軍開始縱隊追擊。三十日清晨，超過交通要點沙杜渣，一日進展約十英里。步兵在叢林戰中有此速率，實在令人敬仰，以致三十日午間，我們以指揮車追隨至六十五團後面，久久不見第一線營的蹤影，爲之深感驚訝。

找到了竇營長

那天，我們到第一線營去。

我們午前十一時由六十六團指揮所出發，一路經行山腹，路幅寬窄無定，路面又未鋪砂石，車行非常不便。沙杜渣以北，輜重部隊的馱馬不絕於途，車行速率不能超過五碼。這條路上還沒有經過工兵搜索，半點鐘以前，一匹馱馬正遇著觸發地雷，左前蹄炸掉了，屍骸委曲地躺在路側，地上一灘鮮血。駕駛兵換上低速排擋，眼睛不停地注視在路面上，左右擺動著方向盤，處處吸動著車上人員的神經，使我們感覺著若斷若續的緊張。

沙杜渣是孟拱河北渡口的一片林空，原有的幾十家民房，只剩著焚後的屋柱，與附近彈痕寂寞對照。但是這些戰場景象與叢林內的屍堆相比，則感覺得太普通、太平常了。

車子沿著渡口彈坑轉了幾轉，我們進入了孟拱河谷。

這一帶樹林仍舊很密，路左是孟拱河的西岸，碰巧在一堆蘆草空隙處，可以望見西陽山（Shiyang Bum）上的晴空。

路上幾百碼的地方沒有一個行人，我們好容易遇到一個通信兵，但是他也不知道第一線營的所在：「剛才還在前面一英里的地方，現在恐怕又推進了。」

道路筆直，好像森林裡面開好的一條寂寞小巷，路面鬆軟，車輪在上面懶洋洋地走著，叢林裡面各種飛禽與昆蟲很活躍。

在孟拱河第一道河曲處，我們終於遇到了一群祖國的戰士，但是他們並不屬於第一線營，他們是六十六團派出的敵後支隊，他們在兩個星期之內，爬經三千英尺的叢山，迂迴三十英里，經過人類從未通過的密林，自己闢路前進。在河東岸，他們以機關槍奇襲敵人的行軍縱隊。在河西岸，他們擄獲了敵人一部汽車，擊斃了敵人幾十名，前面一百碼的地方，還有敵人遺棄的屍骸。他們正擬北進沙杜渣，不期在公路上與六十五團會師。他們的任務已經完成，正待接受新命令，但是，他們已經快三天沒有吃飯了。

這些弟兄們精神體格非常之好，他們正在打開罐頭，填塞著空了三天的肚子。有的已經坐在道旁，燃著一支香煙。這裡隔第一線營不到三百碼，已經聽到前面的機關槍聲音，我們跳下了汽車，果然在道左樹林下面僵臥著兩具敵屍，蒼蠅飛在死人的面上，醞釀著一種奇臭。

我們到了第一線營，戰士們散開在公路兩旁，右面森林內，相去不到五十碼，第×連正在向西搜索，不時有幾聲步槍〔響〕，有時有三四發衝鋒槍的快放，敵人三八式步槍刺耳的聲音，夾雜在裡面。

「屋務——」

敵彈彈頭波正在衝開空氣前進，可是道路上往來的通信兵傳令兵和輸送兵都是伸直腰很神氣的走著，我們也學著挺直著腰。

在一棵小樹下，我們見到了聞名已久的竇思恭營長，他是第一位率部至敵後，首先以寡敵眾的青年將校，同行的鄭參謀替我們介紹。

竇營長告訴我們：發現正前面敵軍一處掩護陣地有兩挺機關槍，第×連正在與敵人保持接觸。左翼孟拱河可以徒涉，已經與隔岸友軍聯繫好了。右面森林裡還有敵人的散兵和狙擊手，第×連正在向西搜索。右側敵人另外闢了一條公路，可以走汽車。這方面友軍還在我們一千碼後面。

鄭參謀另有任務，將指揮車駛回去，我決心留在營指揮所看看戰鬥的實況，約定請他明天日落時候派車來接我。

陣地之夜

現在我看到他們的指揮、聯絡與戰鬥了。

傍晚，第一線連搜索兵回來報告：「正前方兩百碼公路兩側有敵人，攜有機關槍，右側森林裡有敵人，右前方草棚裡面也有敵人。」營長決心在附近構築工事，準備明天拂曉攻擊；一聲命令之下，幾百個圓鍬、十字鎬，向泥土內挖掘，有些士兵拿著緬刀在砍樹桿，準備作掩蓋。

我卸下了背囊與水壺，坐在背囊上與竇營長安閒地談著。

我發現竇營長有一個奇怪的習慣，他喜歡把鋼盔在布軍帽上重疊的戴著，到了沒有敵情顧慮的時候，就把鋼盔拿下來，用不著再找布帽。還有，他的步槍附木上有一處傷痕，後來我才知道是大洛之役砲彈破片打中的。

「敵人很狡猾，今天晚上說不定要來夜襲。」

「我很希望能夠參觀你們的夜戰。」

電話鈴響了，通信兵接著，將耳機交給營長：「竇先生，第六號要你講話。」我從圖囊上把航空照片遞給他，依舊聽著。

我在旁邊聽著，竇伸過手來，對我說：「黃，請你把航空照像給我。」

「喂！你是六號吧，喂，你前面應該有一片林空，大概三十碼長，五十碼寬，有沒有？通過前面第二個林空就是拉班了……有房子沒有了？……河左邊有一道沙洲，有沒有？……還看不到嗎？你們隔拉班只有兩百碼了。六十六團還在我們後面一千碼的樣子，今晚上你們要防備敵人夜襲……茅篷裡面還有敵人？……喂，你等一等，我自己來看看。」

竇放下電話機，對我說：「黃，你在這裡等一等，我到第一線去看看。」

「我很想跟你去看看，不會妨礙你吧。」

竇戴上了鋼盔，一面說著「沒有，沒有……」我已經跟在他的後面，更後面，還有竇的兩個傳令兵。

我們彼此保持幾步距離，沿著公路前進了一百七十碼，到達第×連的位置。這裡有一座茅篷，右邊有一處林空，和航空照像完全吻合。前面五十碼還有一座茅篷，敵人的機關槍就在緣角射擊。右前方突然一聲「三八式」，彈頭波震動著附近的枝葉，我們的步槍和機關槍馬上向槍聲起處還擊，枝葉很濃，看不見敵人。

竇指示了連長幾句，我們依舊還回營指揮所。

夕陽照著河東來去的運輸機，這傢伙正在樹頂五十碼的低空投擲給養。槍聲較稀，伙伕蹣跚著送了飯菜，美軍聯絡官也來了。

我們在小樹枝下打開飯盒，裡面有鹹肉與豆莢，聯絡官帶來了啤酒，他用小刀把啤酒罐弄破，啤酒泡沫溢在罐外。

就在這時候，前面很清脆的一響，竇的傳令兵叫著：「敵人砲彈來了！」我們臥倒，盡量的使身體和地面平貼。

「屋務五務——」彈道波浪很尖銳，然後「空統」！砲彈在我們後面一兩百碼的地方爆炸，爆炸的聲音既清脆又沉悶，叢林裡面有迴響，還聽得著幾根枝幹的斷折聲。

第二砲比第一砲落得更近，敵人在修正彈著。

砲彈一群一群地來了，敵人山砲連在施行效力射，空中充滿了彈道波，一百碼以外，落彈爆炸聲音堆砌著，我彷彿看到孟拱河的河水在震盪，但是河東的給養飛機依舊在盤旋。

竇貼在地上和部隊在通話，我回頭看去，我們的豆莢和啤酒，在我們匆忙臥倒的時候都打潑在地上了，我拾起一個啤酒罐，罐內的液體已經只剩三分之一。聽敵人火身口的聲音，還是四個一群的在吼。

入暮以後，砲聲較稀，我們嚼著冷飯與剩餘的鹹肉，竇一面吃飯，一面和美國聯絡官講話：

「McDaniel上尉，你要升少校了。」

「我一點也不知道。」

「他們都說，你下個月就要升少校。」

「或者——或者可能。」

「爲什麼要說或者呢？」大家都笑。

送小砲彈的貨車，爲了貪圖倒車容易，一直開到敵兵出沒的林空裡去了，副營長和傳令兵張大著嗓子叫他回來：「你們上去送死呀！」但是駕駛兵居然在林空裡將車子倒了一個轉，很敏捷地開回來，防滑鏈條打在地上鐺鐺地響。

暮色更濃，森林雖然經過一天槍彈砲片的蹂躪，還是表現著一種幽靜陰沉的美。

我和竇睡在一個掩蔽部內，面上手上都塗了一層防蚊油，一個螞蟻跑進我的衣領，我想去抓它，身體蜷曲著不能翻轉，感覺得很苦惱。現在槍聲砲聲同時來了，我們的前面、右面和後面都有機關彈在射擊。

今晚敵人果然來夜襲，我們豈不是占領著一道背水陣？敵人砲彈雖然都落在我們後面，我又記起竇營長的一句話：「如果敵人砲彈多的話，或者會沿著公路來一個梯次射。」背水陣、梯次射，這些念頭不住在我腦內打轉，我又記起今天是三月三十日，明天三十一，後天就四月一日了，掩蔽部外面電話兵嘮嘮叨叨地在砲火下利用電話空閒和同伴談著不相干的事，五碼之外，步哨叫著「哪一個？」我感覺煩悶，潮濕空氣令人窒息，瞧著竇一會聽電話，一會翻過身又睡著了……。

那一晚沒有夜襲，也沒有背水陣和梯次射，我那陣煩悶的情緒不知在什麼時候漸漸平靜下去，我的呼吸漸漸均勻，也就一睡到天亮。

第二天早上

第二天早上，是三月最後的一日。

拂曉攻擊沒有實施，敵人都後退了；但是我們搜索兵前進了不到一百碼，又和敵人接觸，擲彈筒，「三八式」，從樹葉叢裡飛過來，我們也回敬以衝鋒槍。半小時內，前面射擊得非常熱鬧。

電話鈴又響了，第一線連報告：「正面敵人後退了一百碼，右側翼沒有敵蹤。我們斥堠向西搜索，半英里，沒有發現敵兵，也沒有發現六十六團友軍上來……。」

「正面敵軍非常頑強，我們前進，他們射擊得一塌糊塗，我們一停止，他們藏起來一個也看不到……。」

竇決心親自到第一線排去視察，我跟著他一同去。

我們有了前面林空的一半，第一線連已經逐漸滲透至右側林緣，一路大樹根下，都有第一線連的急造工事。左邊公路與河岸相接，河岸有幾棵大樹，一堆蘆草，我們可以看到河裡的草洲。這就是拉班，地圖上用大字寫著的LABAN。我真奇怪，地圖上的家屋，這裡連蹤影都沒有，這裡只有幾座茅篷，看樣子還是新近修築的。

機關槍和小砲射擊手對著公路上和林緣的出口，小迫擊砲彈藥兵正在打開一個個彈藥筒，他們表現得那麽安閒和鎮靜。

邱連長引導我們分枝拂葉地到了第一線排。弟兄們臥倒在大樹下面，有的把橡皮布晾在樹枝上，還有人吸著香煙，樹桿上兩公尺以內都是槍砲刮穿侵透的彈痕，偶然還有

「三八式」刺耳的「卡——澎！」我真羨慕這些祖國健兒們安之若素的態度，這時候說不定可以飛來一顆槍榴彈和擲榴彈，說不定會掉下來一串機關槍的彈雨。恐怕這幾個月來的陣地生活，已經使他們不知道什麼叫做緊張了。

「這前面二十碼的茅篷裡面就藏著敵人——」邱連長指向前面。

我蹲下去只看到叢林裡面一團青黑，或者最黑的地方就是所指的茅篷，但是看不到敵人。

我看到營長給連長當面指示，說話的時候兩個都站著，去敵人只有二十碼。

「我想敵人正面雖然寬，當面敵人沒有幾個人了，我們得馬上攻上去，無論如何得把道路交叉點先拿下來。第×連配屬一排給你指揮，警戒右側翼。——你小迫擊砲彈夠不夠？……」

「夠了。」

「你儘管射擊，我叫他們再送幾百發到營指揮所，——要是右翼李大砲他們早一點上來更好。迫擊砲我親自指揮，山砲連的前進觀測所就在你們這邊吧？你叫他們延伸射程——」

「請給我一個救急包？」

攻擊開始之後我跑到砲兵觀測所，那邊靠孟拱河很近，左右都很開闊，是觀戰的理想地點。

我看到他們一個個前進停止，看到他們射擊，同時敵彈的彈頭波也在我們頭上成群的飛過去，我們選擇的地形非常之好，對直射兵器毫無顧慮。

敵人知道我們步兵脫離了工事，開始向我們砲擊。

「屋務五務——嗤！空統！」第一砲在我們後面兩百碼處爆炸。

「屋務五務——嗤！空統！」第二砲在我們前面一百碼處爆炸。

這兩發試射的砲彈既然這樣接近，顯示著敵人已經選擇這一片林空附近做目標。一群砲彈落在營指揮所的右側，一群砲彈落在前面樹林裡，一群砲彈落在正前面空曠地，帶給了我們塞鼻的煙硝味，一群砲彈落在後面孟拱河裡，激起了幾十碼高的水柱。

我們衝動而忍耐地蜷伏著，但是砲兵觀測員和砲兵連長正在聽著敵火身邊聲音，他們對著射表討論，然後：

「三二〇各一發——三一四各一發——二九八各一發！」指示我們自己的砲兵陣地。

我們的聽官確實應接不暇，敵人的砲彈有山砲、重砲和迫擊砲，現在我們的砲彈群也充塞在空間了。

衝動著，忍耐著，蜷伏著，四十分鐘之後，敵彈才離我們遠去，我瞧著一位受傷的弟兄，頭上纏著救急包，口內不停地叫著哎喲，三步兩步地經過我們的位置。另一棵大樹之下，一位弟兄傷了背脊，他靜靜地俯臥著，戰友們幫他撕開背上的衣服。還有一位弟兄腿上沾滿了鮮血，身體靠在歪斜的樹幹上。他的一身都不能動，但是痛得將頭部前後擺，眼淚淌在面上，我看著旁邊的士兵替他包紮，我問他：

「你們救急包夠不夠？」

正在幫他包紮的士兵擡起頭來：「有嗎，請你再給我一個救急包。我的兩個都給他們用掉了。」

我分了一個救急包給他，這時候擔架隊已經扛著沾滿了新痕舊印血跡斑斑的擔架跳著跑上來。

這一次攻擊，我們前進了兩百碼，迫擊砲連一位班長殉職。剛才還是一位勇敢負責的幹部，半點鐘內已經埋葬在陣地的一端。第×連也陣亡了一位弟兄。

不知道什麼時候下了雨，一點一滴，落得非常愁慘，我冒雨跑到那位班長的新墳上去。林緣附近，士兵們正在砍著樹木，增強新占領的陣地。剛才用作迫擊砲陣地的地方，現在只剩得縱橫散放的彈藥筒和刺鼻的煙硝味。前面很沉寂，只有幾門小迫擊砲和小砲，爲了妨礙敵人加強工事，半分鐘一次的盲目射擊著。

陣亡者的武器，已經給戰友們拿去了，墳邊只剩著一個乾糧袋，裡面還剩著半瓶防蚊油……。

雨落得更大了，一點一滴掉在陣亡者的新墳上……。

那一晚

那一晚我並沒有回去，森林裡面我聽到右翼六十六團的機關槍和手榴彈越響越近，快要和我們並頭，部隊長因爲了雨聲可使行動秘密，又加派了×××另闢新路到敵後去。這都是很好的消息，我想再待一夜。黃昏之前我打電話給鄭參謀，叫他不用派車來接我。

相處兩日，我和營長以下樹立了很好的感情。我才知道我們的軍官都是面紅紅的像剛從中學校出來的男孩，但是事實上他們比敵人留著半撇小鬍鬚好像都是兵學權威的傢伙不知要高明多少倍。我看到這些幹部早上擠出牙膏悠閒地刷著牙齒，或者從背囊裡拔出保安刀修面，我才知道，他們並沒有把戰鬥當作了不得的工作，僅僅只是生活的另一面。

起先，我總奇怪，這些弟兄們作戰這麽久，怎麽一身這麽潔淨？後來我才知道，他們任務稍爲清閒或者調作預備隊的時候，就抽出時間洗衣，一路晾在樹枝上，隨著攻擊前進，至曬乾爲止。有時候看到他們吃過早飯就將漱口杯緊緊地塞一杯飯準備不時充饑。有些弟兄皮鞋短了一隻，一腳穿上皮鞋，一腳穿上膠鞋，令人觸發無限的幽默感，也令人深寄無限的同情。部隊裡的工兵和通信兵，技術上要求他們緊張的時候鬆弛，鬆弛的時候緊張，而他們也就能夠做到那麽合乎要求……

一位弟兄分給我一包餅乾，我知道他們自己的餅乾都不夠，但是他們一定要塞在我的手裡：「這是上面發下來，你應該分到這一包！」

另一位弟兄幫我培好掩蔽部的積土，然後笑著說：「保險得很！」

那一晚我有我「自己的」掩蔽部，竇的兩個傳令兵找了很多迫擊砲彈筒，替我墊在地面，筒上有一層桐油，我再不感到潮濕，我把背囊裡的橡皮布和軍毯，學著他們一樣，好像在鋼絲床上慢慢的鋪得很平，再不想到背水陣和梯次射，很安穩地在槍砲聲裡睡著了。

橋底下的大尉

早上，我爬出掩蔽部，在朝氣裡深深呼吸，擡頭看到四月份的陽光。

竇和他們的士兵忙碌得不得了，我們的重砲、山砲、重迫擊砲、輕迫擊砲一齊向敵人射擊。×××開路威脅敵人已經成功，××又和我們並肩了，我們準備奮力一戰。

昨天砲彈落得最多的地方，今天是我們迫擊砲陣地，我看到射擊手將魚雷形的重彈一個個向砲口內直塞，然後這些怪物以五十多度的發射角直衝而去。敵人砲彈也不斷向我們飛來，五碼以內，竇的傳令兵拾起來一塊兩英寸長的破片，生鐵仍溫熱燙手。但是這時候每個人只想著如何發揚我們的火力，每個人都竭心盡力於本身的工作，大家都感覺得敵彈的威脅輕微不足道了。

射擊手依然將砲彈一個個塞進去，砲口很頑強的一個個吐出來。這時候只少了班長；班長長眠在砲盤右面三十碼的地方，已經經過十六小時了。

步兵勇士們好容易耐過砲戰完畢，現在是他們活躍的機會到了。他們長驅直上，前進了五十碼、一百碼、一百五十碼，我們越過那幾座茅篷。昨天，我們還僅僅看到河上草洲的一個角，現在我們已經在草洲的右前面。第一線連還不斷地在推進，機關槍和手榴彈震動著叢林內的枝葉與孟拱河水。

右邊叢林裡發現一具敵人的屍體，我和竇的一個傳令兵去搜索，我們彼此掩護著前進，恐怕遭敵人的暗算。進林十碼處我們看到兩頂日本鋼盔和一頂軍便帽，草堆上躺著一具敵屍，頸上腮旁都長著一些鬍鬚，綠色軍便服上凝結著血塊，機關槍子彈穿過他的喉頭和左胸部，地上一堆米飯，一群螞蟻……

我拾起那軍便帽，裡面寫著：「熊本正——四十七部隊。」

傳令兵把他的屍體翻轉過來，在他的身上找到兩張通信紙，上面寫著「菊八九〇二部隊第二中隊」，此外在一個小皮包內找到長崎什麼寺的護身符和一塊乾硬了的牛肝，那牛肝是什麼意思，我至今還不懂。

傳令兵很悵惘，沒有他所要的日本盧比和千人縫。

我們回到公路上。一棵大樹，被砲彈削去了一半，地上躺著一個士兵的屍首，破片打開他的腦部。傳令兵打開他的背囊，背囊裡還有一箱重機關槍子彈，看樣子是彈藥隊躍進的時候被砲彈擊中的。翻開乾糧袋，乾糧袋裡有一包白錫包香煙，和一包餅乾。

傳令兵拆開餅乾，一面說著：「昨天發的餅乾都還捨不得吃，現在又打死了。黃□□，你吃不吃？」

我默默地搖了搖頭。

我們繼續前進。沿途看到擔架隊擡下來幾位負傷同志，我們又穿過兩個林空，循著公路向右轉，跨過一座橋，橋底下歪倒著一個敵人的屍體，頭浸在水內。

好容易追上了第一線連，全身裝具弄得我汗流浹背。

邱連長給我看他新俘獲的一枝手槍：

「你看見橋底下的屍體沒有？」

「看見的，頭還浸在水內。」

「這是敵人的一個大尉，手槍就是他送我的。」

樹枝上晾著水濕的地圖和日文字典，這也是橋下大尉的遺產。

我得了一個大尉領章和一張十盾的日本盧比。

前面還在推進，機關槍還在怒吼。

敬祝你們攻擊順利

緬北四月的氣候是這樣的毫無定算，午前還是大晴天，午後就下傾盆大雨。我沒有找到汽車，只好包著橡皮布回去，路已經被雨水沖爲泥坑了。

我在雨中蹣跚著回去，離前線漸漸遠了，雨聲裡，還聽到敵人向我們步兵陣地不斷砲擊。

竇營長、邱連長、六十五團、六十六團、新卅八師第一一三團，一步一步離你們遠了，但願你們攻擊順利，早達孟拱！

民國三十三年四月十日寄自緬北
四月廿一日、廿三日、廿四日《大公報》
貴陽廣播電臺播送

隨車出擊記

在緬北的戰鬥裡，我戰車群建立了很大的功勳。自輝煌的三月開始，他們每日整備車輛，待機出擊，衝破敵軍陣線，蹂躪敵高級司令部。這班「淘氣的孩子們」成天與塵土、饑渴、煙硝爲伍。二十四小時之內，他們所看到的盡是血和肉：輾平在履帶下的血肉，被榴霰彈推倒在地上的血肉，下戰車時伏在公路上的血肉，和被敵軍四七破甲彈突貫，在駕駛座位上成仁的血肉……

但是這班珠江、柳江、湘江和嘉陵江上的孩子們，平均年齡不過十九歲，戰鬥與淘氣是他們的第二天性，經過一串的疲憊而血汗交流，他們共同的結論是：「好耍，好耍得很。」

四月二十三日他們決定在南高江東岸五七一高地以南的叢草地內使用戰車，我坐他們×部指揮組的戰車，隨同他們出擊。

早上，晨曦剛透入孟拱河谷，我們已經進入西陽山下的待機陣地裡了。

這些十×噸的傢伙縱橫疏散在林緣內外，戰車兵坐在草地上，步兵團長、×指揮官、趙副指揮官和戰車營的趙營長圍著一張航空照像，他們決定攻擊開始的時間、攻擊到達線、火力指向的地區和特別的聯絡方法。

無線電車上的美國士兵嚼著口香糖，一位四川孩子正在向××通話，他們的符號編成暗語，每句話又重複地說著，聽來很可笑的：

「——二少爺，二少爺，把你的拖鞋，拿過來，拿過來！」

「豆腐店老闆，豆腐店老闆，我的小孩，我的小孩，不吃奶了，不吃奶了！」一大堆人圍著笑，美國士兵也跟著笑，但是他不知道爲什麽笑，只好：「No good，頂不好！」

空中掩護戰車音響的P—40已經在飛來飛去，重砲正向當面敵人怒吼，開山機已經回來，向營長報告，進入路開設好了。

連長再告訴每個車長，我們先要向東前進一千碼，然後才向南，那邊蘆草很深，不要過早下去，否則會陷在污泥裡。

指示完畢，登車，出發。

我高踞在第九號車車長的位置上，在我左邊的是搜索排的王排長。

我們通過一處小河，工兵隊正拆去河上的輕便橋，預備架一座永久橋。戰車群在橋左的河床內通過，履帶一片片掉在水裡，像農家的水車一樣，上了河岸，換擋，加油，戰車很輕快地上坡，砲塔上的戰車兵抖巍巍地到了坡頂，坡頂有一根樹枝凌空橫擋著，每一個頭盔經過這裡時便都藏在砲塔裡去了。

路上步兵們看著戰車驚奇而喜悅地傻笑著。一輛指揮車看到戰車來了，盡量地避開道路，躲在路旁草叢裡，車上人員也聚精會神地欣賞著戰車。

道路至此完了，戰車群突入開闊地。前面的戰車排成楔形，我們在楔形的內面。車行加快了，履帶輾斷的枝葉飛在我們面上，前面車輛所捲起的泥灰像一層煙幕，灰土充塞著我們的眼耳口鼻，我們也看到前面我們的砲彈的彈著。

太陽在我們左面，我發覺到我們的隊形已經向南直進了，我看到了我們的步兵，也看到他們在樹上所布置的信號板。我們出了步兵線，向著敵兵盤踞的林緣直撲。

「空統！咖咖咖咖咖！」

楔形的尖端已經發現了敵人，開始射擊，視界很開闊，連長車上的無線電指揮著戰鬥隊形。

「拍拍拍拍拍……。」

敵人的機關槍也向戰車還擊了，我們趕緊縮進砲塔，放下掩蓋。

從潛望鏡裡看過去，右面有一片一英里寬的叢草地，正前方有一條小河，左邊也有一條小河，兩河直交，河岸都有小樹和叢草，敵人就潛伏在這一帶。

槍砲響得更密，可以感覺到敵彈在裝甲上跳躍。但是我們一切都居上風，還沒有遇到敵人的平射砲。我們楔形的左半部已經到左面河邊樹林裡去了。我們可以看到「三七」的砲彈在林內爆炸，枝葉在應聲瓦解。

我們在變換隊形，楔形的右半部掩護左半部渡河，然後兩半變爲兩個縱隊，隔河直下。河左岸的敵人站起來向後逃，戰車追上去。兩個縱隊一面射擊，一面直到前面河緣，衝斷小樹，壓倒叢草，互相向內轉，將車輛駛了一道剪形路線，蹂躪敵人的陣地，然後很輕巧地回來。但是砲塔仍然戀戀不捨地回過去繼續向敵人清算。每當車子和人身同時震動的時候，一種壓力緊迫肺部、射擊手打開砲門，黑暗而動盪的身像在隧道裡行駛的火車廂，代替機車上放散出來的煤煙的是刺鼻的煙硝味……。

離敵人漸漸遠了，各車的砲塔轉正，我們打開掩蓋，擡頭看見一碧晴空與安然無恙的南高江，P—40已經飛到兩英里外去了。我們的步兵正在前進，我們攻擊只耗費了二十分鐘，現在前面樹林裡有步兵勇士的衝鋒槍響了。

我們退回待機陣地，經過樹林的時候，車子減速，砲塔上的砲擊手將三七彈殼一堆堆地拋下來。大家叫嚷成一片：

「你射擊多少發？」

「今天只打了五十多發。」

我幾乎笑了出來，二十分鐘射擊了五十多發，平均你每分鐘就射擊了兩發半，還不給你「耍」夠了嗎？

放下了頭盔與無線電發聲帶，一個個跳下車來。煙、灰、汗，三位一體，每個人都是這樣一副面孔，鼻子左右兩端聚灰特別多，像平劇裡的臉譜。

「首腦部」的幾位馬上圍著地圖與航空照像去討論去了。今天奇襲成功，人車都沒有損失，根本就沒有遇到敵人的平射砲，因爲地形開闊，戰車肉搏班根本不敢接近。但是，第十一號車陷在河左岸的爛泥裡，現在還沒有拖出來，有一排步兵保護著。

第二參謀和第三參謀更忙，他們到每一輛車子下面去詢問戰鬥經過。綜括起來：河右岸的車子沒有直接看到敵人，但是火力都已指向步兵所要求的地區。河左岸的車子突入了敵人步兵陣地，消滅了兩挺重機關槍。

一張黑面孔眉飛色舞地說：「我壓了敵人的一挺機關槍！是我壓的！」

另一張黑面孔也眉飛色舞地說：「十一號車子就是要去壓機關槍，才陷了下去嘛！」

我對這樣熱鬧的場合感覺得很興奮，彷彿我也沾上了一點光榮。駕駛軍士指著車上的小白點給我看，這都是敵人的機關槍子彈碰擦上的。

一共才叫嚷吵鬧地休息了四十分鐘，首腦部根據各方報告認爲這樣的攻擊很有利。爲了徹底消滅敵人的機關槍巢，決心再攻擊一次。但是這一次用不著××輛的大編隊，只派遣了七輛：第×連的五輛爲第一線，王排長的兩輛爲預備隊，預備隊要第一線車輛發生故障與空隙的時候才許上去，或者突然發現敵人側防機關槍的時候才許射擊。

我坐在王排長車上副駕駛手的位置，引擎發動以後，趙營長特別又跑過來叮嚀我們：「你們絕對不要爲了好玩隨便射擊，不是剛才所說的情況，就是發現了敵人，也不要加入戰鬥。——不是玩的。」於是，我們又循著原路前進了。

副駕駛手的位置更便於展望。左邊有一挺氣冷式的重機關槍，鬆開銷釘，方向和仰度都很能運動自如。空隙裡望到駕駛手手腳一致的換擋，眼睛不斷地注視前面，這時候無線電耳機很吵鬧，王排長和他的射擊手爭論一個小問題：

「剛才我們走這邊來的。」

「哪裡——這裡是敵人前晚截路的地方，要到那棵樹下才是……」

但是耳機裡還是傳來一陣沙沙的聲音：「靠右一點——好了，照著前面獨立樹走。」左右操縱桿前後運動，車子走著波狀路線。我心裡正想，敵人剛剛喘息未定，看著這些怪物又成群結隊地來了，不知如何狼狽？砲塔上王排長在叫「快關掩蓋！」我把掩蓋放下來，駕駛手離開操縱桿去放掩蓋，車子還是朝前走著。

我們旋動著潛望鏡，看到五百碼以內重砲的彈著，這是我們陣地裡打來的煙幕彈，在替我們指示目標。

車子再前進了三百碼，前面五輛，成爲一列橫隊，我們後面二輛保持著三十碼的距離。

這一次攻擊比較富於危險性——敵人已經把平射砲拖上來了。一發平射砲彈正打在五號車子前面，我們看著五號車子滾進溝裡，而且躺著不動了，我們正匆忙加速前進想去補上間隙，但是五號車子突然又爬出水溝，並且奮勇向敵人衝擊，所有的槍砲一齊向敵人加速狂射。

我們前進到河邊林緣，所有的車輛向敵停止，對著攻擊目標吐盡槍彈砲彈與胸中悶氣。在森林地帶作戰，我們不能親眼看到我們的戰果，但是就讓這些小砲彈在敵人陰森的工事之內爆炸，以倒塌的掩蓋替這班不知死活的傢伙造一座義塚吧！敵人的平射砲又射擊了，彈著在五號車子的左邊，可以看到濃煙。這時候每一秒鐘都充滿著驚險。我們的車子不放棄當面射擊目標，但是將車子前進後退，左右擺動，使敵人瞄準困難。駕駛手不停地換擋，不停地搖擺著兩根駕駛桿，腳板在離合器與油門上打轉，好像一個狂人在跳舞。這種動作要求過人的智力與勇氣，這是決死的兵種在機械上的驚人表演！但是，駕駛手已經滿頭是汗了！

半點鐘後，攻擊完畢，我們照著營長的指示，由楔形變成縱隊凱旋。我們仍舊是全師而還。只是預備隊沒有遇到戰鬥的機會，看著砲彈箱與子彈帶完好如故，不免有些悵惘。

今天的任務已經達成。跳下戰車，遇到了趙副指揮官，他正要到軍指揮所報告戰鬥經過。我們坐在他的指揮車上，一路我們談著敵人的平射砲，恐怕是慌忙進入陣地，連工事都沒有做好，所以射擊得這樣漫無標的。我們談著五號車子假裝被砲彈擊中的機智。

到午後一時，我知道我們十一號車子拖出來了，我知道我們的步兵已經占領了小河的北岸，一部已經渡河了。

五月二日寄自緬北

五月十七日《大公報》

苦雨南高江

這幾天緬北常下陣雨，我們擔憂了半年的雨季，終於又開始了。我們指揮所後面的一道小溪，昨天還可以看得到河床，今天早上已經變了一道六十碼寬的濁流。河水夾著泥沙和上游沖下來的樹木，以每分鐘一百碼的速率奔灌而去。從枝葉叢裡仰望上空，還是陰霾起伏，這時候真令人掛念在南高江作戰的國軍諸將士……。

在這卑濕的山谷裡作戰，最使指揮官感到侷促的，就是正面太狹小，無法展開。從孟拱河谷最北的沙杜渣到鐵道線上的孟拱，全長約六十五英里，但是谷底的平均寬度不過七英里，殊不適於大軍之運動。我們走進山谷，看到左右都是一脈二千英尺以上的高山，中間唯一的一線平地又被南高江東西劈爲兩半。南高江嘉親語又稱孟拱河，在晴季水深不過膝，不僅可以徒涉，還可以在河床上行駛野行性的車輛，如指揮車或戰車，本不足成爲地障。但是河流曲折太多，小部隊渡河運動容易遭遇伏擊。在拉班至瓦拉渣間，敵軍曾以小部隊東西流竄，後來幾次遇到我軍的側射，就不敢再輕於嘗試。至於兵力較大的部隊在河上橫跨著來去，因爲聯絡補給以及對山洪的顧慮，也未被採用。目前攻守兩方都採用正規戰法，就是河兩岸的部隊各自爲戰，於是每一縱隊只有兩英里到三英里的正面。正面狹小，滲透困難，也不能施行大規模的迂迴和包圍。——這是敵軍能在河谷裡遂行持久抵抗、遲滯我軍行進的一大主因。

自瓦康以南，森林原沒有傑布山一帶稠密，這一帶有許多林空和叢草地；但是稍微開闊一點的地方都被敵人的砲火封鎖，我們不得不逐段驅逐樹林內的敵人，然後在林內繞道前進。敵軍自瓦魯班慘敗之後，知道補給線若完全依賴公路，一被我軍迂迴截斷，就會全軍覆沒。於是也在森林裡開闢與公路平行的汽車路。自孟關至孟拱的牛車道，於一年以前爲敵人加強爲公路，路幅寬約四碼，在南高江西岸沿江並行，是這次作戰敵我所共賴的主要縱線。但是除此之外，從沙杜渣至瓦康以及茵康加唐，沿途發現敵軍新闢的臨時道路，多得不可勝計，這樣又增強了防禦的堅韌性。

國軍在山谷裡遇到另一不利，是南高江各支流與攻擊方向正交，例如從瓦拉渣到茵康加唐不過四英里，竟有五條橫阻去路的小河，這些小河在晴季多爲乾溝，但是被敵軍利用之後，對於我們攻擊部隊是一重障礙，尤其限制我戰車部隊之活動，入雨季後將更困難了。

敵人在這一帶的防禦是很獨特而頑強的，有時候沿著乾溝構成數帶陣地，有時候選擇特殊地形築成堅強據點。因爲南高江曾屢次改道，至今加邁附近滿是改道以前的遺蹟，特別富於長條形和馬蹄形的沼澤。敵人就慣於利用馬蹄形的池沼作爲環形據點，這樣的據點有三百六十度的射向，在叢草裡儼如碉堡，很能夠爭取時間。就算沒有野戰工事的地方，敵人也還是以散兵逐段抵抗，且戰且退，但是每退至多不到一百碼。森林和叢草裡視界有限，以自動火器封鎖道路確切有效，我們要驅逐敵人，必須派出搜索，展開一部分兵力，沿道路兩側，擊破敵兵的抵抗，前進數十碼，又派出搜索，又再展開兵力……各級部隊長如果希望進展比較迅速，或想戰果有些決定性，則必須以一部迂迴至敵後。無論團營連排各單位，多少總要竭盡手段施展一點全面的或局部的側翼運動，也就是要伐路到敵後去，但是這種戰鬥方式仍舊很耗費時間，因爲既要披荊斬棘，又要秘密企圖，並不是一件很容易的事。

在這樣一片地區，整齊的戰線已不復存在，攻守雙方都在樹林內構成無數的大小袋形，兩方的砲兵都很活躍；輕兵器不在十碼之內決不輕易射擊。四月下旬的一個黃昏，我曾在南高江右岸某第一線連逗留幾小時，當我和連長正在一處散兵坑裡談著的時候，機警的連長突然指著河東的蘆草地叫我看，那邊正有兩個敵兵在匍匐前進！我問他們爲什麼不用機關槍射擊？連長用安閒的口吻說：「這種目標，又在一百碼以外，通常我們都只有輕迫擊砲幹掉——」所以這一帶戰法的獨特，與戰鬥的堅硬吃力，不是一語可以道盡的。

河谷兩側壁的山地，並沒有被我們放鬆，經常都有強力的部隊忍受人類忍耐的最大限度，在懸崖絕壁上運動，企求使正面攻擊容易。他們所選擇的路線，決無道路可循。地圖上所標示的村落，事實上都不復存在。他們必須攜帶全部行李輜重，他們必須自己在叢林內開天闢地，爬上兩千英尺的一座山，下山，又再爬一座三千英尺的高山。他們隨時可以在山頂、山麓或山腹遇到敵人。就我所見到的丁克老緬而論：四月杪，我軍爭奪這村莊的一帶高地，我們攀登那七十度以上的陡坡時，簡直是四肢交互找著樹根枝葉連拖帶爬，剛到山頂，滿以爲下坡可以少吃一點力，豈知下坡還更困難，坡度更陡，全身的裝具使重心太高，腳底下的叢草滑得可怕。我想著伙夫登山送飯，我想著兩天在這裡行軍的時候就覺得戰慄。這時候山腹內還常常發現小股敵軍東西流竄，及至到達陣地，叢草拂面，只聽得左近槍聲零落，看不到一個敵兵。這裡還是河谷的邊緣，標高不過一千二百多英尺，士兵視爲「平地」的地方，其困難已經如此。擔任迂迴的部隊動輒走上兩三星期，重兵器各單位的騾馬倒斃殆盡，補給雖以空中投擲爲主，但是只能投擲到後面，作戰部隊本身還是要擔任一部分人力輸送。常常，投擲不到就有糧彈不濟的危險。一次迂迴成功，大家雖感壯快；但是回顧叢山，真是一步一淚！

我們感覺得痛快的地方是對空中沒有顧慮：我們有絕對的制空權。白天，我們可以假定每一架飛機都是盟軍的，空運解決了我們補給的最大困難，但是，我們並不是每天都有飛機支援地上部隊的戰鬥。

敵軍第十八師團與我軍對陣瞬已半年，死傷的慘重，士氣的低落，已經是確切不移的事實，證明於敵文件上的是大批軍官因爲作戰不力被撤、遣、降。但是敵軍曾陸續得到五次補充，並且有很多是第十二師團撥補的老兵。最近，第五十六師團的一部又陸續發現於本戰場，如果將孟拱河谷的敵軍加以輕視，則殊屬過於樂觀。

現在南高江西岸，我軍正沿公路進攻馬拉關，一部已至馬拉關以南的敵後，這些地方距加邁還有十八英里。至此之後，公路從幾座高地內曲折，我軍還要通過索卡道以南的隘路。南高江東岸，地勢較低，隨處都是湖沼和濕地。據說每年六月至九月，通常都爲洪水淹沒。但是更東的高地，十英里內外，敵我軍正在沿山沿谷混戰。戰線極爲紊亂，我們不僅由北向南攻，有些山頭我們還由東面、西面甚至由南向北攻擊。這一片高地之能被我軍掌握，則不僅加邁之命運決定，並且對於我軍爾後進出鐵道線，也有決定性的影響。現在我軍距加邁最近之處爲芒平以南，在加邁東北約七英里。其他機動部隊之行止，則不便於本文內敍述。

國軍在緬北奮戰七月，其英勇壯烈，技術上與士氣上令人可喜之處，已經人盡皆知。但是他們的種種艱難困苦，恐怕還沒有爲國人所深悉，當此大雨滂沱之際，不禁引起我們無限的繫念。

五月十日

五月廿日《大公報》

密芝那像個罐頭

一

五月十六日消息：六十六團與美軍混成的左側支隊到達密芝那近郊。

「怎樣這樣快？」消息傳來的時候，大家都還有點將信將疑的樣子。這時候六十六團與司令部不能通報，我們看軍長的態度，也沒有一點喜形於色。但是縱令如何機密，透漏出來的消息已經瞞不住了。一天天地，車站已經占領了，我們的飛機已經在密芝那著陸了，喜訊相繼而至。十七日早上，同帳篷的潘參謀在悄悄地清理行李，他已經擔負了秘密的任務。什麼任務？我們格於命令，又不便去問他，但是大家心裡明白：他是隨空運增援部隊到敵後去的。他和我們匆匆地握了手，「再見！」留下幾封轉寄國內親友的信，就無聲無息地走了。

連續幾天，各方的報告還是錯綜而矛盾。二十一日消息，六十五團降落已經成功，攻城戰正在進行中；十四師第四十二團已接到命令，正在某某空軍基地集結，待命起飛；並且我們從私人口中得到的消息，這一次軍長還要在司令部派一個軍官隨同出發。我和第一課的陳參謀過去曾在該團服務過一年，自信很適合擔任這種工作，因此我們兩個便毛遂自薦地去見軍長。

軍長並不否認，也沒有責備我們毫無根據地就直接報告，他正在清理著一堆戰地寫真，他一面看著那一堆照片，一面微笑著說：

「要去也只能一個人去，你們哪一個去呢？」

我望望陳，陳也望望我，我們都要去。

我們出去找李課長，請他主持公道。「這還不簡單嗎？」他取去了兩張紙條，一張寫上「去」，一張寫上「不去」，叫我們拈鬮。我的手抖著，打開拈來的紙團，裡面正是「去」！我高興得跳起來！

當日我草草地將行李塞在一個橡皮袋裡，另外預備了一個乾糧袋和一枝步槍，由六十六團的梁參謀長給我一紙手令，就出發了。我高興得心臟都要從肋骨裡跳出來，催著駕駛兵將車速開到四十碼，直駛某某飛機場。

這樣，我就有密芝那之行。

二

1944年3月，史迪威與第38師師長孫立人（左）、新22師師長廖耀湘在向密芝那進軍途中商討作戰計畫。

五月二十三日午前十一時，一架C47將我們帶到密芝那上空。

當機身左傾那引擎轉速減低的時候，我們並不十分開心。因為平常人家說得如花似錦的伊洛瓦底江，在機窗裡看出去僅僅是一道較寬的濁流，兩岸的樹木幾乎淹進水裡。而飛機場也僅僅是小樹林裡面的一片砂土地，我們看不到密芝那的街市。

飛機歎了一口氣，就在這砂土地上降落了，因爲當天早上下過大雨，輪胎與地面接觸的時候還弄得水花四濺。

我扛起了我的橡皮行囊。我的步槍因爲與部隊用的子彈口徑不合，在某某飛機場起飛前就叫人送回去了，這是我的不幸，以後因爲缺乏自衛武器，使我不知道多受了多少罪。但是當日下飛機的時候，一身的負擔較輕，自以爲是很得意的。

我們一行縱隊橫跨飛機場而過，經過跑道的時候，一架聯絡機正要著陸，弄得後面的人四散逃避。這塊黃色的砂地，事實上倒是很具規模的。停機場上還有兩三架運輸機，周圍這裡一堆砲彈，那邊一堆給養。很多人在跑來跑去，還有些人在佇立著、徘徊著、凝望著。總而言之，情形和我們後方根據地的飛機場差不多，只是秩序比較亂一點。

我們到了飛機場附近的小丘陵上，太陽漸漸升高，令人覺得發熱。我們把行李扔在地上，開始設計我們的住處。我們在地上拾起來一個綠色的降落傘，雖然是濕的，但是今夜能在這薄薄的綢布下過一夜還不壞。傘頂已經找了一根樹枝撐起來了，傘角的繩子也掛在旁邊的樹枝上了。我們揮著汗，工作三分鐘又休息五分鐘。幾個士兵在傘的周圍挖一條排水溝，其實排水溝又有什麼用！昨天睡在裡面的士兵正在樹枝上晾他們的軍毯，每件裝具好像都曾丟在河底下浸了一點鐘又撈起來的一樣！今晚如果下雨，我們會有一個可怕的晚上。

丘陵下面就是飛機場，東北和西北面都是一脈高山。我們的混合支隊就是從那西北的山地裡滲透過來的。因為我們有很多好的嚮導，這些嚮導們帶著部隊繞過敵人的每一個步哨。我們的騾馬，我們的山砲，都沿山沿谷而來，敵人的神經中樞卻始終麻痹著。一直到了谷地，我們的部隊還大休息了兩天，士兵們竟脫掉衣服在河裡洗澡，讓敵人的小火車鬼叫似的「臥！臥臥！」地來了又去。

密芝那附近的灌木林又正好給部隊們捉迷藏。據說我們的搜兵走到飛機場的時候，向後面報告：前面發現一塊很大的「林空」。排長說：「讓我上來看看吧！」後來他們對飛機場發射了五發砲彈，大家衝上去，只有三四十個敵人，馬上都給殲滅了。我們就是這樣占領了飛機場。

這時候太陽照得眼睛發暈，丘陵的圓葉樹上一顆顆未乾的雨水還向下滴。正東面，隔我們兩英里的地方就是密芝那，我們又能看到一兩座白色鉛皮屋頂，十三架美國飛機正對那邊俯衝轟炸。

飛機三架四架一群，飛成一字隊形，在目標上面盤旋盤旋……，突然第一架機頭向下，機腹挺起來，排氣管發出一道黑煙，在空中產生一種「屋務——呼」的聲音，兩顆黑色的小點掉下來了；機頭再向上鑽的時候，地面開了一朵黃黑色的煙花，煙花籠罩過那白色鉛皮房子以後，我們才聽得到「過了時」的聲音：

「轟……轟轟……」

第二架飛機第三架飛機如法炮製，連挖排水溝的士兵都停止了工作，張著口看得呆了。

轟炸之後，飛機群再來一次掃射，他們依舊一架一架地盤旋，按次序俯衝下去：

「碰碰碰碰碰……」那幾挺超重機關槍打得特別響亮。

現在陸空攻擊的目標正在城緣邊際——密芝那沒有城垣，也沒有稠密的街市：但是它有很多修直寬闊的馬路，縱橫直交，它有很多白鉛皮的洋房，在圓頭樹底下疏散的排列著，它是一座現代化的村落。火車站正在心臟地帶，一切我們可以在航空照像上看得清清楚楚。而那座火車站，在我們沒有來之前，我們六十六團進去過兩次。

住處稍微弄妥帖之後，我到處去找紅布。密芝那近郊的部隊，無論中國兵、美國兵，還是少數的印度兵，都在左肩上掛著一塊紅布，像開什麼慶祝會一樣，沒有這種標識就有被人當作敵兵開槍誤殺的危險。我依著兩個士兵的指示，在一處降落傘下找到我所要的那麼一塊，以後我也被認爲是攻城部隊的一員了。

三

整整一天，除了清晨我在周營長處喝過一杯牛乳之外，沒有再吃過一點東西。現在已經到午後四時，沒有一個人提起吃飯。但是我太餓了，我像一隻餓瘦了的狗，忍不住到飛機場上去徘徊，以便相機獵取食品。

迎頭來了凡公師長和他的三位幕僚，項參謀、李參謀和宋秘書。除了李參謀之外，都是我們上次在南高江觀戰的夥伴，現在他們每個人都掛了美國式的衝鋒刀，而且項參謀手下正挾著兩包美國乾糧。我正要找他布施，他已經猜透了我的來意，當時就塞給了我一包。

我赧然地接著，並問他們要向什麼地方去。

「你們到哪裡去？」

「到六十五團去指揮，你要去吧？」

「師長，我很想和你們去——」

「好，車上還坐得了，快去拿你的行李來。」

四十二團日下還沒有戰鬥，我想先到六十五團去並不壞。而且，那邊發無線電報比較方便。我去報告四十二團團長，團長很同意。我跑進剛才撐開的降落傘下取了那個橡皮包衝出來時，正好，他們的車子正要開了。

車子駛過我們剛來的跑道，轉一個彎，再轉一個彎，穿進灌木林，只有那麼短短的一點行程，又在另一處丘陵的邊緣上停下來。右邊有一架打壞了的日本轟炸機，機窗已經碰掉了，現在已經成了幾個士兵的「行營」。我看著士兵們拿著一個臉盆彎腰跑進機腹裡面去。

六十五團指揮所設在丘陵的脊上，排水比較良好，我們去的時候，團長正在打電話。這位王團長從十七日擔任指揮作戰以來，已經一個星期。他的臉色黃得可怕，經常很少吃東西，只是喝咖啡，將不加糖的咖啡一口一口地吞下去。沒事的時候就躺在床上，但是沒有看見他閉過眼睛。這樣操勞怎樣能夠持久呢？任何人看到他一定為他擔憂。但是，以後當他親自督戰的時候，他的眼睛裡突然放出奇光，提著嗓子指揮三軍，我才知道他的堅韌性有這樣偉大，我想他就是一個月不休息也能夠支持得住的。

指揮所替我們支開了一塊油布，並且把我們的橡皮布張開替我們做了幾個吊床。一排橫臥著凡公師長的衛士、我和李參謀，項參謀豎臥在我們的枕頭的一邊。

項參謀輕輕地說：「我們現在還沒有二十二師他們好。」

我們怎樣能和二十二師比呢，我們只有兩千多碼縱深，這兩千多碼是我們的第一線和預備隊位置，司令部和後方機關，我們的補給線還在遼遠的天上！我們大家都是這樣匆忙而來，以致我們的東西都帶得這麼少；但是運動的時候，我們又覺得帶的東西太多了。

我們後面還有幾門山砲，他們不時脹飽肚子一吼，使大家大吃一驚！

飛機去後，地面上的戰鬥趨於緊張，機關槍像一座風扇在狂轉，聽聲音好像在我們面前只一千碼的樣子。

四

晚上九點，我和項參謀剛從無線電臺回來。我們從來沒有在這樣星月無光的晚上，在生疏的高低不平的地上走過這麼遠。回來，大家都有些疲倦。李參謀和師長的衛士已經都躺在床上，我們也預備休息。

我們計畫怎樣睡覺，決定兩人合作，只打開我的橡皮行囊，由我分一床毛毯給他，此外，大家都不脫衣服。這時候外面下起傾盆大雨來，油布旁邊的雨水一線一線地飄了進來，頂上也在一滴一點地滲漏著，床上已經成了一條水槽，我們很躊躇，毯子雖然拿出來了，但我們仍舊坐著沒有動。

我永遠不會忘記這個時候：五月二十三日午後九時十分，四野漆黑，雨還是傾盆而下，聽著枝葉樹桿支撐不住了，在我們右前方一百碼的地方，突然一聲「卡蓬！」大家都震驚了，這是敵人的三八式步槍，但是怎麼這樣近呢？接著，右方又是兩聲：「卡蓬！卡蓬！」子彈的射向直對我們，我們聽到它們在我們頭上「嗖」地飛過去。

我們還希望衛士能夠擋住他們，但是我們的左後方也來了這麼一下：「卡蓬！」這後面的槍聲給我們的威脅特別大，現在事態很顯然：敵人已經乘雨夜滲透過第一線摸了上來，並且以火力把我們包圍了。

「卡蓬！」——「哧！」一顆子彈把我油布外面的小樹打穿，我們都臥倒在地上污泥裡。

槍聲加急，落彈漸低，「卡蓬，卡蓬」的聲音不絕於耳，曳光彈從各方面飛來，並且那燃燒著的鎂光到我們頭頂上就沒有了，好像落彈就「噗哧」一聲掉在我們的腿邊。

我們的衛士在抵抗，我們的機關槍「拍拍拍拍拍……」敵人的機關槍「頗頗頗頗頗……」敵人一點也不示弱，並且愈來愈近。

「卡蓬——」「哧！」左後方又來了一顆流彈。

前、左、後三面的槍聲愈逼愈緊，樹林裡的落彈正在增加，空中的彈道像一座萬花筒。敵人已經發現了我們的位置，並且在施行三面包圍，只有南面靠通信隊的槍聲比較稀一點，我們得趕快向那方面運動。我撿了一床毛毯，右邊李參謀還在。我這時候手無寸鐵，李參謀手上還有一挺衝鋒槍，我自信我使用衝鋒槍的把握比他還好一點，我要他把槍給我，他就給我了，我們兩個人臥倒組成了一字長蛇陣，開始離開我們那塊油布，向南面運動。

我們爬行了二十分鐘，還只走了三十碼，偏偏我們走的路線正在聯絡官的帳棚後面，滿地盡是空罐頭，碰著那些罐頭，突然作響，不由得令人更心慌。我總埋怨李參謀踩了我的毯子，其實我的毯子因為捲在小樹枝上才拖不動的。這時候槍彈太密，我恐怕手部足部受傷，盡量使身體和地面平貼，因此手腕足膝都被刮傷擦傷，我的頭部正淋著雨水。

「噗哧！」現在南面又有槍彈飛來，我的腳部更感覺得痠軟，不知如何地，我已經掉進了一個散兵坑裡去了。

散兵坑裡已經有了一個人，我們彼此都嚇了一跳，但是馬上我就知道他是六十五團的翻譯官，翻譯官在發抖。

「卡蓬——卡蓬！」

「頗頗頗頗頗……」

槍聲四面合圍，曳光彈道織著一方嚴密的網，我知道不能再前進了。我叫李參謀在附近找一個地形臥倒下來，但是這時候他不知道因何一定堅持著要前進，他從我手裡取了衝鋒槍，依舊向南爬行，他這一去，沒有幾分鐘就負了傷。

我和一個翻譯官在一起，我們手無寸鐵，我著急，我著急得要死，敵人衝上來我連自盡的機會都沒有！我只好和翻譯官約定，無論如何，就算敵人衝上來了，我們也不要動，我們只得待機會，如果情況變得好一點，我們得向飛機場那面爬。

「轟！」一個迫擊砲彈在後面斜面上爆炸，我們的耳朵震得嗡嗡作響，泥土一塊塊地狠命打在我們身上，幸而沒有破片飛進工事，我們檢視身體，都還沒有受傷。

「轟！」又一個砲彈在左近爆炸。

五十分鐘之後，混戰才結束，我們聽到單獨的「卡蓬」，被我們驅逐得遠去了，我聽到凡公師長和王公略團長都已經回到指揮所，我們心裡多麼痛快，我們像服了一帖清涼劑。

但是指揮所裡，李連長陣亡，團長的傳令兵亦陣亡，還傷了很多人。我們油布下面，四個床空了一個，李參謀的右手給迫擊砲破彈片擊中了，傷了骨頭，現在已被送到裏傷所去。

我有些遺憾，我想：假使我當初慷慨一點，把工事位置讓給李，我自己還可以另找到一個。那時候他有了掩蔽，或者不會固執著單獨前進，就不會受傷了。

但是我把這些情緒一壓抑，「現在不是遺憾的時候！」

五

第二天早上，我們送李參謀到野戰醫院去。

野戰醫院在一個掩蔽體內，也就是幾塊油布撐著的一間棚子，但是他們有相當的醫藥設備，他們有手術臺。

大雨仍舊是劈頭劈腦地淋來，我們想縮進到油布棚子裡面去，但是地上都是睡在擔架上的傷兵，我們無處插足。剛剛把身體藏在屋檐下，幾分鐘內大雨已經把我半邊衣服淋得緊貼在肉上。

緬北密芝那一帶就是這樣的氣候：每晚下雨，一直到第二天正午；正午之後會突然雲消雨散，太陽露出臉來，曬得你肌肉發痛。

而這時候正是雲濃雨密，負傷將士衣襟濕透，肩上腿上的濕處映著鮮紅血跡。擔架源源不斷而來，有些擔架沒有地方擺，就放在油布棚外的爛泥上。這些爛泥上還有一根根小草，但是多數的地方已經成爲一片片水潭。這裡丟一個水壺，只有壺頸還在外面；那邊水裡有一床美國軍毯和美國夾克，被泥水黏成一團。雨仍舊在油布上嘩嘩唱歌，外面有一隊美國兵逗留在那裡，他們綠色寬大的制服已經貼在皮膚上，而且變成黑色了。但是他們依舊英雄氣概地站在那裡，一動也不動。有些傷兵在呼叫，有些傷兵雖不呼叫，而他們失血的臉卻是那麼憔悴！戰爭是殘酷的，但這是一幅多麼生動的畫面！我在想：假使戰後讓我做一個電影導演，我會知道如何布置這種場面，用不著一點誇張。

手術臺上有一個傷兵在開刀，幾位緬甸小姐在忙來忙去，她們有些穿著美國制服，腳上拖著長統馬靴；有些還是頭上挽髻，下面繫著綢製裙子。有兩位小姐長得特別美麗，看她們真可愛。

同來的王翻譯官說：「這幾位緬甸小姐真不壞——」

「她們總是在最危險的方向工作——」

醫院裡面決定送李參謀回後方休養，他自己也很願意去，因爲他暫時已不能寫字，不能放槍，不能臥倒和匍匐前進，留在這裡徒然增加顧慮，到後方去，可以好好醫治，傷癒再回到前方來工作。我們和他握別的時候，一串水正流進我敞開的衣領，弄得我背上冷入筋骨。

現在只剩著我和王翻譯官回去，我們趁著有車子，再去找找潘參謀。王翻譯官駛車很高明，但是開得太快，通過一潭積水的時候，弄得水花飛濺進我的眼睛，幸虧我們這幾天過慣了「兩棲類」的生活，倒也無所謂了。

車子經過跑道，附近的砲兵陣地又在鳴砲，前面機關槍也在工作了。在這樣大雨如注的時候，前方將士還在一片廢墟上作兩三碼泥濘地的爭奪戰。這真是戰爭！

我們找到了潘參謀，他正無聊地坐在一塊油布下面，赤著腳，地上鋪了兩床毯子；所謂毯子，已經和地上的泥漿混成一片了。

他的眼睛發紅，臉色乾枯，他的鬍鬚像刺蝟一樣。我想到再過幾天我也要變成他那樣子，我不由得打戰。「進來嗎！」他在叫我進去。但是他的棚子這樣潮濕，這樣凌亂，我想還不如在外面淋著雨爽快些。但是我沒有這樣做，彎著腰進去坐在泥沒了的毯子上。

他問我帶照相機來沒有，我默默地搖了搖頭。

「哎呀！真可惜，十七號那天我們飛機著陸的時候真慘，地上的高射機關槍對著我們直打，飛機還沒有著地就在上面打死了兩個。我們還沒有站住腳，敵人就衝鋒到飛機場上來了。你看，這時候拍成照片那多好玩。」

我看他這樣興奮，我知道他還儲存著無限的精力，他又說了：「我常常到前面去，他們說：從來沒有參謀人員會跑到這樣前面去的，我聽了好不高興。有一次還跑到敵人那方面去了，幸虧侯超文救了我，侯超文作起戰來真勇敢。」

「有一次我被敵人打了五槍，一槍都沒有打中，只把我身上掛的圖囊打了一個洞。還有一次我上去虜了敵人兩匹軍馬，我拿一根繩子牽著拖回來。」

我問他：「馬呢？」

「交給指揮部的美國人去看去了，我要求他們將來密芝那打通了他們要還一匹給我。……喂，老黃，我可以回去嗎？我現在衣服都沒得換，他們要我來和空軍砲兵聯絡，老不讓我走……。」

我沒有方法答覆他的問題，而外面的王在催著走，我只好走了。

午後又是照例的天晴，空軍又來轟炸，我們又站在高處觀戰。自從我們肅清飛機場正面的敵人之後，我們就和敵人膠著了。敵人抱著必死的決心，我們也有必死的決心。（因爲我們只能前進！）因此雙方的傷亡非常大。

我們知道晚上睡覺是萬萬做不到的，我趁著天色還早就把電報發出去。希望在日沒之前躺一會，但是睡不著，因爲不習慣，並且我喝了美國乾糧裡的咖啡。

六

一到晚上，敵人又來夜襲。

一切似乎如有公式。起先是正前方「卡蓬卡蓬」地愈響愈近，然後後面或者側方的「卡蓬」回應著。曳光彈從指揮所的上面飛過去，還有幾顆子彈打穿附近的樹枝。槍聲加密，曳光彈飛來愈多，然後機關槍排山倒海地怒吼起來。

二十四日那夜，敵人夜襲我們四次。

起先，我和項參謀約定：如果附近發現槍聲，先要凡公師長的衛士到師長床邊去侍衛，我們大家警醒著看以後的情況再處置。我剛剛闔眼，項參謀忽然在我枕邊推了三下，這時候外面雨聲嘩啦嘩啦地落個不停，毛毯上面完全透濕，下身一截綁腿皮靴也未乾。

我眼睛一下睜得透開，就問：

「來了嗎？」

「還沒有，不過下大雨，你得注意些！」

瞳孔之外，無一不是黑暗，一時我恐怖之念突起，彷彿一切都沒有主宰。於是我翻了一個身，再也睡不著了。

十分鐘以後，敵人果然上來了。這次敵人向我們右前方猛襲，「卡蓬，卡蓬！頗頗頗……」衛士彎著腰跑了。突然後面好像只有二三十碼的樣子，也有一個敵兵向我們放了一槍。我趕緊叫項參謀，但是這時候他不知道如何倒睡得那樣安穩，推了好幾下才醒，醒來還是慢吞吞的沒有動作。我拿了衝鋒槍（我已經接受了李參謀移交的衝鋒槍和衝鋒刀，並且在床頭上準備了個很容易拉火的手榴彈），一面跑進油布棚外的散兵坑，一面叫他快出來，卻還是沒有看到他出來。「噗哧！」一顆流彈掉在我們布棚子裡！這時候他才突然出來，兩隻皮靴一下飛進散兵坑內。

這時候各人的散兵坑裡面，都積水三四十公分不等，有些臥射散兵坑就像洗澡盆子一樣，這種洗澡盆子多少給你一點安全保障。這時候大家都希望活著，所以跳進洗澡盆子，都是毫無猶疑地。

第二次敵人來襲時，宋秘書正負責向美國聯絡官去協商美軍砲兵的火力。他剛走過我們油布棚，忽然有兩顆槍彈在他極近的地方飛過去。他當然跑進我們的棚子裡。但是他那高大的身材正碰著棚頂油布的凹處，一些積水嘩嘩地瀉下來，他這時候已經臥倒在我們床頭地面上，那些積水正淋在他的頭上，他不由大怒喊道：

「喂！你們誰在小便！」

天啊，你幾乎拆掉了我們賴以安生的棚子了，還怪我們小便！

第三次夜襲在午夜二時，附近落彈很多，並且有幾顆砲彈打了進來，我和項參謀爲安全計，決定到師長的掩蔽部裡去暫避。因爲他對於附近地形比較熟悉，由他在前面領路，我在後面跟著，我們的姿勢都很低，就是用手掌足膝爬著。經過一片蘆草地的時候，他忽然蹲在那邊不動了，過了兩分鐘，他還沒有動，我不由得奇怪起來。

「老項，走呀！蹲在那邊幹什麼？」

他回過頭來，我才猛省這不是項，項剛從他身邊走過去，我的視線一中斷，就看錯了人。他是一個衛士，項已經走得很遠了。

我輕聲呼喚著項，但是沒有蹤影。爬著，爬著，附近的景物都不對了，突然瞥見右前方的楊樹，白天我曾來過這裡一次，我知道我完全走錯了，趕緊站起來跑了幾步，這時候視界稍為明朗，但是也只能模模糊糊看到三五碼外左面停了三部指揮車！我豈不是走出步哨線了嗎？附近一個人都沒有，我不由汗流浹背……右前方槍聲還像煮粥一樣。

我也不知道如何又走回去了，我覺得我爬在一堆泥濘的鬆土上，我知道這是工事的積土，果然我爬在一個黑影的前面，黑影也爬來了，黑影是○○連的一個士兵，黑影帶著一枝步槍，槍口指向著我。

我故作鎮靜：「你是○○連弟兄吧？○○○○一，你快帶我到師長的掩蔽部去！」

這位弟兄眼睛發光，他的食指按在步槍的扳機上，又向前爬了兩步，我們面對面了，他的槍就挺在我們的胸前，他懷疑：「你到底是誰？」

「○○○○，我是黃××！」

他的瞳孔還是露著懷疑的光，我知道他食指的第一節正在扳機上，我的危險還沒有過去。

「我是黃××，不是敵人，你不要那樣怕我！快帶我到師長的掩蔽部去！」

「哦！」他突然把槍收回去了，就帶我到掩蔽部，只轉了幾轉，原來就在這裡！掩蔽部裡水氣和汗氣塞滿了，凡公師長正在一角抽著香煙。我聽著他說：「我們得先決定攻擊方法，然後按部就班地幹……我們得吃魚肝油，等下把我帶來的魚肝油送一瓶給阿王……。」

這幾次攻擊，敵人一點也沒有占到便宜，因爲我們很巧妙地控制了各方火力。第二天早上我們檢獲了很多敵屍，並且捕獲了俘虜。

七

第三天，我們真正的攻擊開始了。我們隨著凡公師長到一個飛機掩體裡去督戰。我們的砲兵群在施行效力射，天候很湊巧，差不多提早了兩個鐘頭就雲消雨霽，而且大放晴光了。但是旁的地方可不一樣，某某空軍基地就不能起落飛機，沒有空軍出動助戰。

太陽向我們直射，降落傘棚子、油布棚子還在掉水，地上的淺草還含著晶瑩的水珠。「通，通，通，通！」我們的砲彈直飛而去，隔了一段時間，又「頓，頓，頓，頓！」如數地掉到敵人的陣地裡，王公略團長正和第一線通話：「喂，喂！砲彈落得怎麼樣呀？……還太近了，喂，我通知他們延伸射程！」然後放下耳機，大聲叫著：

「翻譯官，快通知砲兵指揮官，第一線前進了，砲彈妨礙他們，要他們延伸射程！」

翻譯官帶著消息回來：「現在砲兵集中火力於第五第七兩號目標，他們先射擊兩發煙幕彈，請你看看彈著如何？」

飛機掩體的積土像一座城樓，泥濘得很，不容易爬上去。我記著那兩天凡公師長總是在叫：「黃××，拿我的望遠鏡到城樓上去，看到有什麼情況就回來報告，等一下項參謀宋秘書你們三個人輪流換班！」

這時候「城樓上」視界非常寬闊，前面一片叢草地，再前面有一間白鉛皮洋房，洋房後面有一排樹林。總共隔我們不到兩千碼的樣子，機關槍的聲音清晰得如篩碎米。

我們隱約判斷得那裡是我們的第一線，現在煙幕彈在白洋房的後面放氣，部隊長放下望遠鏡，點著頭，「這打得還差不多，這還差不多……」

有時候凡公師長也到「城樓上」眺望，他的姿勢站得很高，他口裡說：「這裡隔敵人有兩千碼，機關槍打我不到。」後來電話報告：「那樹林裡還有綁在樹上的狙擊射手，昨天飛機炸也沒有炸得下來，砲打又沒有打下來。」他就說：「恐怕是假的嗎，敵人和你們開心的嗎。」

附近的美國兵知道有一位中國將軍，大家都跑來玩，他們總是夾七夾八地問：「到中國還有好遠？到八莫呢？我們走八莫呢還是到臘戍？」後來「城樓上」的人越聚越多，敵人的觀測所看得眼紅。

「哧——空統！」

一發山砲彈，在掩體的左邊爆炸，黑色的爆煙騰空而上，大家都臥倒了。第二發，第三發，三發之後又沉寂了。

中國將軍們與史迪威討論對日作戰計畫。

師長和宋秘書指揮著美國兵下去，並問他們「你們的官長呢？」

美國兵就都四散地走了。

凡公師長看著過意不去，又說：「你們一兩個人來看看還可以，不要大家跑上來成一堆一堆，又指手畫腳的，敵人的觀測所就在那邊高地上，還不看得清清楚楚。」

左第一線前進了一百多碼，他們要脫離公路了。凡公師長要我去通知四十二團，要他們特別注意公路的警戒，左右側派出斥堠，我們只管攻擊前進。如果敵人鑽隙的時候，我們要求他們的自動火器以一部指向這幾點。師長並給了我一份航空地圖，要我按著地圖走。

我照著航空地圖走到馬路上，對了，航空圖上的這個彎，就是這個彎；這地方正有一座橋。不出十分鐘就找到了四十二團。我向王團長那邊報告完畢，但是我餘興未足。這裡有歐陽，有吳和範，他們都是我們在哀牢山一塊帶兵的兄弟，我們已有三年不見了。我告訴他們現在的情況。他們對我的航空圖與衝鋒刀都很羨慕。「但是，對不起，我自己一樣都沒有，這都是借來裝神氣的。」

我看到士兵們，這些故人們照著我傳達來的意思做著工事，我知道任務達成了，我很高興。「我回頭來看您們，現在我沒有功夫。我要到師長那裡去報告，哪天您們攻擊前進，我一定和您們一同去玩。」就和他們分別了。

回來以後，指揮所的人正在喝粥，這幾天我們的起居飲食亂七八糟，喉嚨是乾的，嘴唇是枯的，什麼東西都難以下咽，這碗粥摻著酸菜吃，倒也馬馬虎虎。但凡公師長剛端著碗，忽然想起一件心事，他叫電話兵：

「替我接楊先生！」

電話兵搖了半天，放下耳機：「報告師長：敵人現在包圍他們的×翼，×部附近打得一場糊塗，『楊先生』到前面去了，耳機裡聽得到機關槍的響聲，倒很清楚——」

師長的碗放了下來：「好，那麼無線電話試試看——」

無線電話耳機裡呼呼地響，也接不上。但是傳過來的槍聲如放爆竹。

師長一會指揮我擬一個電稿，一會叫項參謀把航空圖上的透明圖快畫好，一會兒說：「你們替我聽電話，派一個人到城樓上去眺望，我來休息五分鐘。」就跑到降落傘下的鉛皮板上躺著了。

我看著項參謀用蠟筆在透明紙上畫著隊標隊號，我們的各隊前進了五十碼，一百碼，都還黏在城的緣邊上。只有一隊的一翼向前突出，但是敵人還是向那面反攻，彼此的傷亡都很大。

一點鐘之後，「楊先生」的電話通了，師長一跳起來，他好不快活。剛才敵人鑽隙進來二十個人，由一個大尉領著，現在完全給我們「楊先生」打死了。「楊先生」說：他繳了一挺輕機關槍、十七枝步槍、很多槍榴彈。敵人沒有一個回去，敵人的屍體也沒有一具被拖回去。

傍晚，他們把這些槍都送來，還繳來一邊三個星大尉領章。後面跟著美國士兵，他們要求我給他們一枝三八式步槍玩。我向他們說，擄獲的武器都要繳上去登記的。其實，我挺怕他們這些冒失鬼拿著三八式射擊，在這種環境之下，很能引起誤會與不幸。他們拿了兩個日本槍榴彈走了。

雨又開始下起來了，這時候史迪威總指揮到了，凡公師長到他的油布棚底下去會商去了。六十五團長率領了一連兵親自去督戰，只剩著宋、項和我三個人在守電話機。

八

師長回來以後，六十五團長相繼回來，雨慢慢下得大了，師長向附近部隊要了一間油布棚子，一時我們棚子裡面緊張起來。

師長打電話叫「楊先生」來開會，但是「楊先生」指揮所到我們這裡一路有敵人的好幾組戰鬥斥堠，今夜不能夠來，因此這次會議的出席人就寥寥無幾了。

我們不能點燈，只能把手電筒遮上有色布照在航空圖上商議。前面的機關槍一連串打過去，又一連串打回來，而我們在工作著。

美國聯絡官在圖上壓了一道指痕，這是美國部隊的狀態，項參謀把那份態勢圖也拿上去了。凡公師長很興奮地說：「第一，我要求明天日沒之前我們部隊統統要超過這一線。第二，我們得改變××，我們不××××了，我們要××××。黃××，你寫得快一點，你把我的意思擬成作戰命令，我馬上畫行，無線電班準備用密碼發給『楊先生』。」

「明天×點鐘開始攻擊，縱火，陸空聯絡的細節，你們想好寫好給我看……。」

「明天的補給由項參謀告訴余××，並且和××上校商量，攜帶糧秣，萬不可缺……。」

項參謀冒雨跑出去，並且又匆忙地跑回來：「報告師長：余××已經領到乾糧××包，今晚×時可以將第一線部隊分配完畢，彈藥都夠了，各部隊×時之前可以完成一切準備。」

「那很好。」

我將項參謀的右手一把抓住，在帳棚一角我們斟酌命令全文的結構，決定了細部事項，有時候他念著，我就寫了下來，我們把作戰命令寫好，交給凡公師長。

右第一線沒有問題，左第一線可不得了。筆記命令送不上去，口頭命令無法傳達，有線無線電話恐怕敵人竊聽，只能將命令譯成密碼口頭傳授出去。通信兵的動作太慢，剛譯好一句，敵人又到了「楊先生」的附近。有線電話不通了，無線電話沒有回聲。這件命令已經交給我們，一切的責任都在項和我的身上，旁的單位都照著命令的決心動作了。而這時候「楊先生」還完全不知道，或者他們還單獨陷於苦戰。命令規定明天早上×點鐘就要開始動作，現在快要到午夜十二時了，我們與「楊先生」的聯絡還一點把握都沒有！凡公師長和六十五團長睡在鉛板上睡得那麼安穩，我們怎樣辦呢！

這幾天我已經開始染上了很嚴重的傷風，總是咳嗽和打噴嚏，喉嚨痛或許是抽煙太多的緣故，但是戒煙一天，還沒有效驗。遇到這樣焦躁的晚上，我咳嗽得更厲害，而聲帶更感覺得痛，我的小手巾已經被鼻涕濕透了。這時候無線電話通了兩分鐘，剛一開始講話又被切斷了，我咳嗽著找著那幾個通信兵。

「你們攪……攪……什麼嘛？」

項參謀也頓著腳罵：「這件命令傳不出去，你們三個傢伙明天……。」

這時我們沒有同情，也沒有忍耐了。

又下了一陣驟雨，前面機關槍還是一連串地打過去。

好了，有線電話通了，凡公師長也醒了。他指示我們說：「趕快利用時間，不要一字一譯。把重要的話摘上幾句，明天早上再補一份筆記命令。」

重要的字句譯好，由項參謀親自讀給「楊先生」，半點鐘後，「楊先生」回電給我們，回電很簡單，只有「遵令」二字。

我看到宋秘書長始終躺在那邊沒有動，第二天早上我問他：

「我們發命令發不出的時候你睡著了沒有？」

「沒有」，他輕輕地笑著說：「人心都是一樣的，那怎麼睡得著？是不是？」

九

這天是五月二十六日，我一生永遠不會忘記這一天。

午前我還隨從凡公師長到右第一線去視察，在公路右側我們看到六十五團長。這時候六十五團左翼突出部分已經擊退了敵人的逆襲，而且站住腳了，右翼各部隊超過了道路交叉處向東滲透。各路進展都很順利，沿途僅僅有少數殘敵沒有肅清。當我們站在叢草邊際的時候，偶爾還有幾個狙擊兵向我們射擊，但是大體上講，一切已無問題，師長已經很滿意。

對付在路口白洋房內的機關槍巢，決定使用平射砲。平射砲已經人力挽曳上去了。左第一線槍聲零亂。我去看了我們的重機槍隊，工事構築得很穩固，射界良好，回頭我把一切所見報告凡公師長。

於是我們退回「城樓」下期待好音，只要左翼固守，右翼待機進攻，今天的收穫不難達到我們的期望。

午後一時，槍聲突起於正前方及右前方，有線電呼喚不靈，凡公師長很想知道各隊進展的情形，並且要準備督戰隊及對付敵人夜襲的準備，他寫了一張筆記命令給傳團長，要我送上去，同時將第一線情形視察後報告。

我在○○隊抽選一個中士和一個列兵去，因爲他們剛從六十五團回來，知道如何避免敵人的火力封鎖，知道如何選擇路線。我們就出發了。

我們走上公路的時候，有一部指揮車滿載著空的擔架直駛上去。○○隊的中士強迫他們停車，駕駛兵很不高興，但是他仍舊把車子刹住，讓我們上去。

「快點上吧！我們有緊急公事。」

「我們還不是有緊急公事！」

「等下我可不能再送你們下來喲！」

「誰還要你送，我們不會走吧。」

車子直駛到道路交叉點不遠，白洋房在望，我們下車，中士在前面領路。我們經過很多蘆草地，以前部隊停頓的地方，現在都已經寂無一人，我們在蘆草裡歪歪曲曲地穿了幾轉，又過了一條小河，水深過膝，流水冷澈骨髓。我想，這對於我的傷風不是一件好事，但是也忍耐著，連皮靴帶綁腿的兩腳就徒涉過去了。

我看到預備隊就在這裡構築臨時工事，我知道我們快要到了，但是中士說，剛才部隊長就在這裡，現在已經到前面去了，再上前去的路他也沒有走過。

我簡捷地和他們說：「照電線走吧！」

我們又走過了兩百碼，電線也找不到了。但是前面是一個林空，過了林空，又是蘆草，再過個林空，然後有一座村莊，裡面都是我們的戰士。我們通過那兩處的時候，都是低姿勢突然跑過去臥倒，因此我們都安然地到達村莊內。在一所茅屋下面我們看到部隊長，我把筆記命令交給他。

這座村莊已經是密芝那的一部分。裡面有印度式的水井，有許多木柵欄，很多印度人、緬甸人和許多我叫不出名字的人種，都已經集中在一間小屋子裡面，很多小孩在啼哭。我們弟兄們正在圍著村子構築工事，他們正在拆掉那道木柵，因爲恐怕敵人縱火。

我才知道我們右翼已經向左旋迴展開，剛才我們上來的道路正和火線平行。六十五團長將每一個步槍隊和重兵器隊的位置、敵人的配備，以及他們將來的計畫告訴我，我把它一一筆記在透明紙上。我把師長沒有寫在筆記命令上的意旨口授給他，他再在筆記命令上簽字將原件退還給我，我們便回去了。這一次，○○連的劉連長和我們一起回去。

我們出了村莊，或許這時候我們比較要大意一點，但是我記得清楚，一路上我還叫士兵們：「距離放大，姿勢低一點，快跑過去！」這時候我們差不多走成一個「金剛鑽」隊形：我的前面是那位中士，左邊有兩個列兵，後面跟著劉連長，我在最右翼。當我快跑完第一個林空的時候！

「噗哧！拍！」

好像誰在我們後面放爆竹，我已經被推到在地上了，三八式的步槍彈擊中我右邊大腿。我爬到一撮蘆葦下面，褲子上的血突湧出來。當時的印象是很清楚的，一點也不痛，但是感覺得傷口有一道灼熱，而且漸漸麻木。我知道我的左腿沒有受傷。右腿雖然貫穿了，但是似乎沒有傷到筋骨，因爲我還能夠滾進幾步。我鬆開了褲帶，撕破了襯褲，把救急包綁上。一個士兵已經跑來幫著我綳紮止血。真想不到昨天在薛排長那邊開玩笑似地要了兩個救急包，今天真的都用上去了。假使不是那兩個救急包，血會流得比現在多，並且傷口沾了污穢，情形還不堪設想。

這位士兵把我的衝鋒槍接了過去，扶著我在叢草裡跑了兩步，我的腿又麻木了。於是再度躺下來。敵人在我們×側方最多不過二三十碼，並且他能夠看到我們，我們看不到他，我們還相當地危險，幸虧敵人沒有再向我們射擊。

我發覺我把褲帶和衝鋒刀都掉在裏傷的地方，我問扶我的士兵：「你可不可以把我那刀拿回來？」他笑著說：「××，你放心，我都替你拾起來了。」他指著他的乾糧袋說。

劉連長上來了，他扶著我的右臂，另一位弟兄扶著我的左臂，讓我右腳不著地，很迅速地通過第二個林空。這時候敵人潛伏在附近，我們的目標很大，有被一顆敵彈全部貫穿的危險，但是這幾位同事們不顧本身的安危扶助我，這種勇義，將令我永志不忘。另一位弟兄背著我過了小溪，再出來兩步就遇著了擔架隊，就是剛才說不送我下來的擔架隊。

於是我就睡在擔架上，經過那座橋的時候，很多美國士兵們跑出來和我們打招呼！「朋友們，不要著急，你們幹得頂好！」

我們報以微笑。

擔架隊把我們擡到師指揮所，凡公師長跑出來了，面上表現著憂慮的樣子，我捏著師座的手：「師長，沒有關係……。」

我把前面的情形告訴他，我把透明圖與部隊長簽過字的筆記命令交給他。我感覺得釋然，我的任務已經完成了。我沒有去見四十二團團長，但是我可以叫他們報告。

但是我忘記不了衝鋒刀，我把李參謀的那柄交給項參謀，再央求凡公師座：「師長，您有兩把衝鋒刀，您把衛士身上的那把送給我作爲紀念，好不好？」

師長連說：「好，好，……。」就叫衛士把那柄刀解下來放在我的擔架邊。

宋、項和薛排長都送我到U字形的醫院裡去，美籍軍醫替我上藥，眼睛眯眯笑著：「你運氣好，沒有碰著骨頭。」聽了他的話，我的信心更堅固，心情更釋然了。

前兩天看到的緬甸小姐替我注射防疫針，也是笑眯眯地說：「You are very lucky. It might be worse.」

十

二十七日午前，紅十字飛機送我們到後方醫院。

躺在飛機上，我開始感覺得傷口刺痛。但是起飛之後，我忍痛看看機窗下的密芝那。

密芝那正在右邊，白鉛色房子隱約可見，但是飛機沒有經過市區上空，只在伊洛瓦底江上打了一個轉。

伊洛瓦底江水色渾黃，上面的白沫在打圈……。

我匆匆而來，又匆匆而去，一切如在夢中。那底下是我們立誓要奪取的城市，我也在那裡流了幾滴血。我不甘心密芝那之行就是這樣喜劇式的結束，我一定要捲土重來。下次來我要在密芝那街上駛指揮車。

午後一時，我已經躺在××後方醫院的病床上，我的長官與同事聞訊而來，他們帶給我莫大的安慰，牛乳、水果和飲料堆滿了小桌兒，我的勤務兵也來了。

陳參謀前次因為抽籤失敗，曾經生氣病了幾天，這時候他也不埋怨我，看著就說：

「你這隻冒失鬼！」

我向他們敍述了一次負傷經過，他們又急切地問：

「密芝那怎麼樣了？部隊都進去了沒有？」

我看著勤務兵正在打開一個水果罐頭，刀口正沿著罐頭的邊，還有圓周的一小部沒有割開。

「密芝那好像這個罐頭，割開的刀口正像我們的到達線。」

十一

我希望凡公師長現在可以吞食罐頭內的所有物了。

六月六日寫於雷多十四醫院

六月十二、十三、十六、十七日《大公報》

加邁孟拱戰役

自從寫過那篇〈苦雨南高江〉之後，南高江畔的季雨，更是一發不可收拾。起先，雨水還不過在河床裡面陡漲，後來突出兩岸，作無邊無底的泛溢。孟拱河谷本來就狹隘，這一來，整個變成水的世界。從飛機上望下去：下面是水和樹，樹和水，浸在水中的樹，和淌在樹中的水。這種景象，如入鬼鄉。我們在河谷裡面，看到工兵隊辛苦搭成的橋梁一座一座地被水沖去；水再漲起來，每夜帳篷要搬動兩三次，很多小丘陵成了孤島。公路變成一段段污泥了，飛機場要待晴天才可以著陸了，最後，除了幾艘汽艇之外，整個交通系統都陷於崩潰了。

但是，緬北之戰已經進入最緊張的階段。駐印軍主力沿著河谷奮戰七個月，倘使不能到達鐵道線，乾脆就要全功盡棄；另一方面，密芝那的奇襲部隊勢成孤軍，而且有被反殲滅的可能。所以：興廢存亡，繫於此戰。

那一向大家都很緊張：軍長剛從後方視察回來，又立刻飛赴前線。孫、廖兩師部，也逐日在敵人砲火射程之內推進。C47式的運輸機冒惡劣氣候晝夜飛行（補給全賴空中投擲），失事墜落已經發生多起。砲兵陣地裡面，掩體和彈藥掩蔽部都像污泥糊成的，幸而有不漏水的紙殼彈藥筒，砲彈得而無恙。樹枝上縱橫掛著橡皮布，每個官兵穿著透濕的衣服，靴底上結成大塊污泥，在丘陵的斜坡上一步一蹣跚。只有砲口音還是那麼響亮，每一震動，把鄰近樹枝上的積水都抖下來，然後彈道波在潮濕的空氣裡直劃長空而去——

公路上，好幾部指揮車陷在深泥裡，看樣子已經被困多日，車上偶然還有一個士兵，他的一身濕透，頭頂上便是帆布篷凹著的積水，但是他一點也不關心，只用冷漠而憂鬱的目光看著輜重部隊的同事們。那些官兵們，從鋼盔、面孔上，以至全身服裝都沾滿著污泥，現在正牽著騾馬在尺多深的泥漿裡面掙扎，每個人的目光都是冷滯而蕭瑟的。

再前面，便是蘆葦和池沼，叢樹與荒丘，步兵勇士們在這陰沉沉的天氣作生和死的搏鬥。左面的庫芒山和右面的沙遜山，現在都籠在煙雲裡。煙雲下面也遍處是新卅八師和新廿二師的戰士，他們從雷多出發轉戰到這裡，已經半年多。半年多的經驗，使他們覺得衝鋒陷陣，並沒有比在這泥濘而長滿著叢莽的山坡上攀登來得更可怕。多麼愁悶而黴暗著人心的天候啊！我們代表著人類忍耐的最大限度，可是，這限度也快要被突破了。

只有高級將領的心頭並不黯然。他們靜心讀著透明紙上的態勢圖。以態勢論：敵人和我們南北對峙，南高江把彼此的陣地劈爲兩半。兩岸地勢太低濕，我們只留置了一部分兵力；主力已經向左右山地延伸。這種延伸完成，很能夠將敵人一舉包圍；只是這些山地很陡峭，攀登迂迴並不容易，以補給條件論：我們依賴空運；他們有鐵道線，彼此的利害參半。以數量論：原來相差無幾，作戰七月，死傷相繼，彼此的情形也不相出入；但是最近敵人得到大量的增援，第五十六師團的一部已經出現於戰場，第二師團的第四聯隊和第五十三師團的主力也將於最近到達，很有推翻均勢的可能。如果我們要保持攻擊的威勢，還應當投入新銳兵力。現在我們總算增加一團生力軍。局勢既然如此緊張，我們不能再錯過戰機。要快！快！快！印緬區的雨季裡，氣溫卻仍舊燥熱。這種潮濕而又燥熱的空氣令人心慌，高級將領們雖然樂觀而自信，那種「要快，趁快！」的情緒卻籠罩著整個司令部。

這是「燥急的六月」前的一般景象。

燥急的六月終於被打開了。右翼廖師長麾下於五月卅日突破馬拉高敵主陣地，敵人在這一帶盤桓近月，最後不得不狼狽南竄。這天以前，敵人以堂堂之陣和我們在河谷裡持久抵抗，從此之後，他們就被驅進加邁公路曲折部的盲腸內，完全失去鬥志。

左翼孫師長麾下在南高江以東占領三千二百英尺高的瓦蘭山頂以後，全部兵力也兼程南進。西湯支隊以一團不到的兵力在叢山之內奔突四日，五月廿七日，全支隊游泳而達南高江西岸，占領加邁以南七英里的公路要點西湯，並且迅速向南北兩端席捲，當日就控制公路長達四英里。他們這樣突然出現，使敵人不得不驚惶失措：很多部隊正在開飯而毫無警戒，一時空襲警報齊鳴，敵人居然把支隊當作降落傘兵！到午後，支隊更蹂躪到敵人的重砲陣地，擄獲十五公分重砲四門。

局勢既然急轉直下，高級將領的樂觀與自信更加充沛，士氣也更爲旺盛。孫師長幾次來電：只要派一部分兵力來接守後防，他的部隊不僅可以打通公路，並且可以南下孟拱。廖師部的幕僚會議，決定以強大的兵力側敵行。軍長也親赴廖師部。駐印軍的兵力，至此展開到最高度，各部隊都沒有控制什麼預備隊，就一線成凵字形，在遍地泥濘中向南運動。

大雨仍舊傾盆而下，部隊行軍速率是每六小時一英里。卅八師已經有弟兄三名失足掉在泥淵中，以致窒息身死。這一軍兩萬人，在透明圖上構成「有利的態勢」。可是對我們每個兵員講，我們這些「有利的態勢」是縱橫躑躅於山巔谷底，每個人泥漿到頂，一列列地人倒馬傾。對高級將領講，這是孟拱河谷的最後一戰，不是大捷，便是慘敗，這中間毫無轉圜之餘地。

六月一日到三日，廖師的右側支隊由右迂迴成功，在加邁西北，截斷公路和附近的小徑。經此一役，加邁兩端都入我軍掌握；而敵人十八師團主力還在以北的索卡道一帶山地，前面既被我正面部隊壓迫，後方交通線又經遮斷兩處（另一處在西湯），已經陷於死地。右側支隊一面在公路上布置障礙，一面向南亞色一帶搜索前進，擔任阻塞公路的這一營於一日到六日間，曾經被敵人兩個大隊兵力反覆猛撲。我官兵雖然彈缺糧少，完全沒有重兵器，增援的希望又很渺茫，仍然死守道路不退。以致敵人由北向南打通退路的企圖始終不逞。四日以後，我們正面部隊再把逐連逐排的兵力加入火線，加緊向南的壓迫，並且各單位再分段派出截擊隊，到處設伏，使盲腸內的敵人處境越加狼狽。七日，我軍已經摧破敵人的抵抗，並且擊滅以工兵隊組成的殘敵百餘名。到黃昏，發現敵人砲兵陣地。激戰一晝夜後，占領整個砲兵陣地，擄獲一〇五重砲四門、山砲六門。九日，正面兩翼隊和擔任截路的右側支會合。一旬之間，十八師團的主力就此瓦解，殘存兵員不過三五百名（根據俘供），在毫無組織之下，各自向山林內逃命。

在廖師肅清盲腸時，孫師的西湯支隊也陷於苦戰。西湯支隊迂迴更遠，楔入更深，到達更早，也更使敵人感到痛苦。所以敵人曾集結公路南北兩端的兵力前後夾擊，一定要恢復賴以生存的交通線。西湯劇戰之日，敵人曾以一個聯隊兵力，附重砲四門、野砲十二門、速射砲十餘門和輕戰車五輛由南北兩端同時猛攻，我軍數量火力兩居劣勢，猶不得不兩面作戰。五月廿八、廿九兩日，支隊南北兩端告緊。幸虧各隊都能倚借地勢，發揚火力，敵人攻勢都被擊退。

六月一日，敵一大隊向我南面陣地攻擊三小時：被我軍擊退，敵遺屍達五十餘具。午後四時，企圖秘密迂迴陣地左翼，反被我軍襲擊。再擬封鎖支隊通後方的渡口，又被我軍發覺。同日敵一大隊憑藉各種砲火向向北防禦的第三連猛攻，也未得逞。二日清晨，敵再向第三連攻擊。一日之間，衝鋒達十四次。我軍彈藥過少，又無砲火支援，以致連長殉職，第一排與敵肉搏五小時，在斃敵八十名之後，亦復全排犧牲。當時形勢一度危殆，第三連死傷過重，被迫稍向南撤。而敵一中隊，又追躡到該連側翼，幸經第一連發覺，以火力反包圍將敵隊形擊潰。從此之後，敵人猶復晝夜攻擊，支隊在淒風苦雨、死傷枕藉之下被迫兩面迎戰。到六月五日，支隊原屬的第二營由東岸歸還建制。西湯支隊突然得了這批生力軍，信心更加堅固，又繼續支援到九日。這時候索卡道的盲腸已經肅清，全軍準備捕捉加邁袋中之鼠，敵人亦復覺悟擊滅西湯支隊為不可能之舉，戰事才稍沉寂。

西湯支隊和右側支隊的孤軍奮戰，對於全軍以及全戰役都有決定性的影響。他們不僅牽制敵人兵力，並且破壞了敵人的計畫，使敵人縱有優勢兵員與火力，無法集結使用，不能形成重點，構不成有利態勢，只能放棄主動。試想在那樣陰風黴雨的季候裡，我們部隊前後散置在泥沼內外，不是他們那樣積極有企圖心，能夠艱苦奮戰，讓我們主力按敵人的計畫一步步走進火網，會招致如何嚴重的損害！

就在這一星期之內，孫師的一團乘勢向南突進，占領巴棱杜，瞰制孟拱城。孫師的另一團肅清南高江東岸殘敵，追迫到加邁對岸的支遵。廖師各團也繼續分段席捲。山字隊形已經扼住加邁四壁。五月十五日，山字隊形變成〇字，支遵一帶的我軍以橡皮舟開始渡江，廖師長各部也深入加邁西南。西湯支隊同時奉命轉移攻勢，「振臂一呼，創病皆起」，一日之內，擊斃敵第四聯隊第一大隊長增永少佐以下百餘名，由南向北，所至披靡。十六日各隊向核心工事區衝殺，幾經肉搏，遂於十三時占領加邁。這地方是敵人一年以來轉運補給中心，累存的糧秣被服不可勝計。一年以來，敵情圖上總是把這地方畫成一個很大的紅圓圈，現在總算改成藍色隊標，表示我們已經掃穴犁庭了。

這時候孟拱的敵軍還有第五十三師團的主力，兵力雖多，舉棋未定，一面對北要防禦我軍南下，對西南又要應付鐵道線上的英軍。砲兵聯隊長高見量太郎等部隊未遑集結，只顧良肴美酒，一味責怨部下。一部分兵力原擬增援密芝那，半途又折回孟拱，我們勘破敵人這些弱點，決定放膽斷行，奇襲其最感痛苦方向。

六月十六日夜，大雨滂沱，遍處泥濘沒膝。孫師在巴棱杜的一團輕裝南下，幾經繞路旋迴，於十八日晨到達孟拱東北二英里半南高江的北岸。當日江水陡漲，河幅寬四百碼，並且水流勢急，這一團人以一日作渡河準備，居然於當晚到達孟拱東北，敵人還未發覺。二十日晨，敵軍正攻擊英軍，使其被迫後退，我軍突然出現於兩軍側翼，使敵人倉皇之下，潰不成軍。北岸我軍也策應陽攻，使敵人不知措手。南岸這一團人在敵人混亂之下迅速旋迴展開，配備少數排哨阻塞東北，主力由東北繞南而到達孟拱西南，然後對孟拱城猛攻。二十三日，已經占領火車站及城區一半。敵軍退守西北隅頑抗不去，巷戰兩晝夜後，我軍才收復這緬北名城。

加邁、孟拱戰後，緬北之戰才算得到決定性的勝利。駐印軍在鐵路線上立住了腳，生住了根。但是我們付出的代價不算不重大。戰死戰傷的不用說，即以未列入死傷數內的官兵，所受的痛苦，也非言辭得而形容。軍長於六月十八日到加邁，慰問各單位官兵時發現很多弟兄兩月之內不曾脫過鞋襪，並且長久浸在泥漿水澤內，再脫下鞋襪時，腳上的皮膚附在襪子上整個地被撕下來。

敵人，尤其是十八師團的敵人，已經在戰場上和心理上都被擊敗。這次戰役他們集結了十八師團百分之九十的兵員，五十三師團的兩個多聯隊，和第二師團的第四聯隊，火砲之多，也超過我軍。結果這樣被分段圍殲，實出意料之外。到孟拱攻下時，我們計算擄獲，第十八師團和第廿一重砲大隊的重榴彈砲、野砲、山砲都全部在內（全戰役我們擄獲各式火砲一一六門，各式車輛四六七部）！並且俘虜田代一大尉以下一一七名，也爲戰場上罕見之舉。

六月底到七月初，每日都可以捕獲俘虜。有些敵兵窮無所計，浮在木板上順流而下南高江，希望在下流可以歸還敵隊，不時被我們撈獲。有些逃散在山林內被嘉親人捉著縛住。也有些在向土民乞食的時候就擒。甚至部隊裡的伙夫勤務兵都呼喚著：「到山上捉敵人去！」他們以捕俘請賞當作狩獵一樣的遊戲。每日夜槍聲不絕，後來廖師長甚至下令：「每次鳴槍，一定要繳去一名俘虜，否則即爲無故鳴槍，應受處罰。」

這些俘虜，對他們的官長一致痛恨：五十五聯隊的士兵罵他們聯隊長山崎四郎是一隻木腦袋。一一四聯隊的士兵說他們的聯隊長丸山房安作戰時還帶著一位美貌的慰安隊長。五十六聯隊的士兵對他們的聯隊長最爲憤激，這位長久竹郎大佐，在最後我軍合圍要完成時，收集部下一百多人，連傷病的都在內，要他們死守一個山頭，他自己下過命令就馬上趁機會先逃走了。

敵人留下的物資，也多得不可勝計。很多日子，我們弟兄都擁有日本軍毯，享受日本米飯以及海帶、醬油粉等；即以我軍收集的文件而論，大的編訂成冊，哪一個隊職官長曾受幾等勳，哪一天升中佐，哪天向經理科領了多少出差費都赫然在目。我們的情報參謀皺眉：「我們只管野戰參謀業務，要這樣詳細的資料幹什麼？」

戰役結束了，大家對敵軍的估價：

第十八師團總算還不錯，以一對一還能和我們支持半年。可是這一次終於被殲滅。第二師團和第五十三師團未免太差勁了。

八月十四日

八月十四日，中美混合機團的朋友們在印東基地慶祝空軍節；他們邀請我們去玩，我們一窩蜂似地擁去了。

一到那邊，我們才發覺他們幾十個隊員們住在草地的帳幕區內，連一個勤務兵也沒有。我們這一群內還有兩位將官——龍師長和盛書記長，他們自隊長以下給我們以優渥的招待，忙得每個隊員都當差，我們感覺不安之至。於是我們到外面亂跑免得太麻煩他們：朱參謀找到了一位飛行員，是他軍校時候的同學，他們去談空軍裡的生活去了；小鍾到飛機場去看P47；我不知如何鑽進美國帳幕區，被一位照相專家吸引住了，他說他是航向員，照相不過是玩玩，但是事實上他擔任拍攝全隊的生活照片。

等到回到他們的餐廳時，朱參謀已經收集了很多資料，他就在一個角落向我們廣播。他說：這些隊員都在美國受過訓，他們的待遇不過和陸軍差不多，他們自作戰以來還只掉過一架飛機，沒有損失過一個人員，他們的軍士級人員都戴人字臂章，和美國軍士一樣，不過質地是紅的。

他們的中國隊長是吳超塵，最近才升少校。我說好像在哪裡看見過他的名字，但是記不清在哪裡了。這位隊長身體不高大，說話的時候也是柔聲柔氣的，和美國隊長（也是一位少校，他的名字我忘記了）的粗肥體格成一個強烈的對照。說到這位美國隊長，令人不大相信他是一位飛行人員，看上去年齡在三十五歲左右，體重起碼有二百五十磅，眼睛是大而藍的，面頰是紅的，就像一位慣喝啤酒的中年人。但是他的精神非常好，工作效率非常高，那天，他自己就親自率機群去轟炸，聽說他歷來常常如此。

還有中國方面的張副隊長，是一位熱情流露在外面的東北青年，他曾親自駕車邀我們參加慶祝會，並且一塊去找新六軍商借軍樂隊和向汽車兵團請業餘劇團參加表演。所以我們好像很熟，真想不到這次一晤面，我們就生出了這麼多事。當時他又替我介紹他們隊裡的作戰參謀崔上尉。崔上尉是八一三以來的老將，他和我們談淞滬和武漢時代的古戰場，以及後來在成都駕轟炸機逃警報的險遇。他又感慨地說，他們在陸軍裡的同學，都當少將了。我們很同情地說，我們覺得你現在的地位比陸軍少將好。

在他們的餐廳裡我們還認識了美國方面的作戰參謀（他們叫做OPERATION OFFICER）西格菲司上尉。這是一位淺褐色頭髮，淡藍眼睛的小孩（大概二十二三歲），他不大說話，但是他的精力到處想找地方發洩，看著他靜靜地坐在那兒，可以窺見他的內心正在想著什麼激動的玩意。後來我們聽到人家說：他是十四航空隊裡的出色人物，有炸沉敵人十四條艦艇的紀錄。但是看他的樣子不過是一個帶稚氣的青年，頂多不過是一個棒球選手而已。

九點鐘左右，他們集合升旗，什麼東西都是雙份：中國國旗、美國國旗，中國空軍旗、美國空軍旗，中國隊長和隊員、美國隊長和隊員，中國和美國軍士，蹡蹡蹌蹌，站滿了一大坪。所不同的，我們有兩位將官率領著我們觀禮，他們沒有；他們找來了幾位美國飛行護士小姐，我們這邊沒有。

升完旗之後就舉行紀念儀式，這種儀式單調而冗長，完全是中國式的。一下稍息，一下立正，美國帶隊官不懂這些禮節，就只好看著中國隊的值星官動作，有時候也不免做錯，而適得其反。太陽越曬越厲害，演講的越來越多，美國朋友們聽不懂，也耐不慣，有些頑皮一點的軍士就慢慢地、很自然地坐在地上了，還有些也不報告，就逕自走了。這裡可以看出中國人的刻板嚴厲和美國人的活潑隨便。我不在這裡討論哪一個好；我只記得去年，我們在德里參加聯合國日的時候，全典禮只有國旗、軍樂隊、五光十色的制服和輕快的縱隊行進，沒有一個人演講。我覺得，我們國際性質的集會裡所有的儀式還是輕快一點的好，就是純粹中國人的集會裡，最好也弄得簡單一點，請演講的時候尤其不要把所有有地位的人都拖出來應酬一下，因爲在台底下肅立聽幾小時的味道實在不好受。

好容易典禮完畢，我們回到餐廳，崔參謀告訴我，他們今天下午還有任務，恐怕要派飛機出去轟炸。很早以前我就希望有機會隨機觀戰一次，因爲地面戰鬥我已經看得夠了，總不能脫離那一範疇。空戰，轟炸，這是多麼有刺激性的節目！五千英尺的靈感，高速度裡的偶然性，簡直要使我們心醉！恐怕那天是中國空軍節，他們對於觀戰的座席特別慷慨吧。我們和崔、西格菲司商量，西格菲司去請示。回頭他告訴我們，陸軍方面的同事們如果想去觀戰，你們可以去五個。他還把左手五個指頭伸出來，用中國話講：「五個！」那一下使我們高興得幾乎跳起來！

朱和小鍾還在帳幕裡休息，我跑去大驚小怪地告訴他們：「喂，他們去轟炸，我們可以坐他們的飛機去，還有座位，你們去不去？」

他們當然說去，我們六隻腳板劈劈頻頻地跑回餐廳，馬上跑去報名。五個人已經足數了。第一個是呂德潤，那時候他還在軍部兼秘書，他比我們先來一天，到此的目的就是隨機出征。此外就是我們三個和凌課長。凌課長天性好動，好奇心比任何人都大。據說在雷多的時候，無論是誰的車子，也不管開到哪裡去，只要給他碰到了，他總要跟著去，這次，他更沒有不去的道理。

西格菲司一定也很贊成我們這種莽撞，但是他笑著說：

「你們四個人可以隨著編隊參加中空轟炸，一個參加低空轟炸……。」

他的話沒有說完，凌課長搶著說：「那麼我參加低空轟炸。」

西格菲司接著說：「低空轟炸是去破壞臘戍附近的一座橋梁，炸完就走，非常危險……」但是凌課長接著：「Me—Low—Altitude」

我想和他妥協：「課長，西格菲司上尉講低空轟炸很危險，你是一個課長，出了事不大好；並且，我這裡有照相機，讓我去算了吧，拍幾張照片回來大家看看……。」

但是他一乾二脆地堅持著：「我去低空。」

我真後悔在雷多的時候不該把空軍節的消息告訴他，假使在平時，我一定要和他爭執辯論一番。但是現在許多人面前，他是中校，我只有尊重他的意見。於是他一個人參加低空轟炸，我們大夥參加中空轟炸，事情就是這樣決定了。

指揮車停在餐廳外面，他們說吃完就出發，並且要快，所以我們那一頓午餐，極盡狼吞虎嚥之能事。這一次轟炸要飛行三個多鐘頭，我不知道是多吃東西還是不吃東西好。加以沒有參加低空俯衝轟炸的機會，多少有些不快，那一頓飯更吃得莫名其妙了。剛出飯廳，看到凌、朱、鍾每人借了一件飛行員的皮夾克，我也不知道是哪裡借來的。倉猝之間，我也借了一件毛繩衣，加上我自己的毛繩衣，想總也可以對付了。後來我才知道完全用不著，這三小時內，我們連穿一件毛繩衣的需要都沒有。在野人山一帶飛行時，我們坐上C47也飛一萬三四千英尺，那天我們最高卻只飛到一萬一千多英尺，有許多飛行員始終穿著一件薄薄的白背心，就像在雷多區開卡車一樣。

現在，我寫這篇紀錄的時候，雖然事隔多月，一切印象如在昨日。我記得人員坐滿了小指揮車，大卡車小卡車地簇擁到司令台下，有的攀在車沿上，有的坐在引擎蓋上，和電影裡看到的毫無二致。下車到布告處，每一組飛行員、航向員、通訊士和射擊士的姓名已經用打字機打好釘在布告板上（都是用羅馬拼音），連我們觀戰人員也在內。我趕緊找人介紹認識我那一組的飛行員，名單上寫的K.L.CHANG，後來我才知道他叫做張廣祿。我又趕快記住他的面孔，是一位眼睛眶很深，頭髮墨黑的青年。那時候大家聚散在走廊上，我隨時注意著張的行蹤，恐怕一下出發找不到人，把我遺忘掉了。

那天九架飛機參加中空轟炸，轟炸的目標是MOHNYIN村內敵人的倉庫和軍事設備。那時候中英部隊正沿著鐵道線前進，MOHNYIN是敵後三十五英里的一個重要補給站。九架飛機內，有三架是美國人駕駛，其餘都是中國人員。我再看名單：小鍾排在美籍人員的飛機內，我們四個人外，臨時又參加了兩個觀戰者，是特別黨部的鄒幹事和新聞記者樂恕人君，西格菲司用鉛筆替他們添上去了。小朱由一架飛機換到另一架飛機上，理由是：他高興坐在他老同學飛的飛機上，西格菲司也用鉛筆替他改了。

我只知道他由一架飛機換到另一架飛機上，殊不知他由我們這個編隊換到旁的編隊！當初派遣轟炸臘戍鐵橋的時候，決定只有西格菲司上尉單機去，所以也只有凌課長一個人去觀戰。到午餐之後，我不知道他們決定再加派一架，正好由朱的同學駕駛，這一更換，朱也跟著到臘戍去了。在那一陣更改的混亂裡他們沒有告訴我。事後朱說，他自己到上飛機之前也不知道是低空炸臘戍鐵橋。現在，我想他是知道的，他的同學一定和他說過。大概是遠征臘戍，又是俯衝轟炸，他恐怕好機會給人家競爭去了，所以只說換一個座位，就悄悄跑到兩架編隊裡去了。我一直到轟炸歸來吃晚飯的時候才知道這回事，當時後悔得要擂自己一頓。我想：我首先發起參加空軍節，又首先提議坐轟炸機觀戰，現在頭等座位一個也給人家坐去了，兩個也給人家占去了。到後來幾天，我才知道他們坐頭等座席可增加了不少的麻煩。

我那樣想看俯衝轟炸，因爲我看過一套富於刺激性的照片，影片寫著一架俯衝轟炸接近目標的情景，各影片的距離是兩千英尺、八百英尺、四百英尺和兩百英尺，但是從俯衝投彈到拉高，不是照片、電影或者文字所可以表露的。像很多類似的場合一樣，真實要體味到這種動作的經過只能憑感覺。所以，從上車到出發我還苦苦央求凌課長和我換一換座位，一方面他不會答應，我也知道這種央求爲徒勞。

位次組別排好，到地圖室裡聽美國隊長講解任務。這一間房子有黑板，有講臺，有一排排的座位和滿壁琳琅的航空照像，和我們常見的教室沒有兩樣。美國隊長當講師，旁邊還有一位翻譯官當翻譯。大概這種任務他們是常去的吧，所以沒有多少可以再講的。我只記得他規定投彈時飛行高度是五千英尺，進入目標時角度爲一百多少度，什麼情況解散隊形，什麼時候集合，我又記著他叮嚀如果有敵機攔截一定要記住飛機的式樣或種型等等。

我們真的出發了，崔參謀領我們到降落傘室領了坐式傘和錢袋。這錢袋裡面密密地縫著九十六個銀幣。在緬甸，鹽糖、布、線、鴉片和硬幣是可以收買人心的東西，也只有這幾樣東西引得起土人的興趣。我們學著他們把錢袋繫在腰上，多少有點好玩的心理，假使我們真被擊落，像半個月前他們隊裡的一組人一樣，爬山涉水地逃命回來，這九十六個盧比就是我們的旅費。

於是我們再爬上卡車，各就各位地到停飛機的掩體裡去了。卡車經過一飛機的位置，坐在頂上的人大聲叫著飛機的號碼，車子停一停，這一組人跳下車來；到另一架飛機，又一組人下來；到第三次是我們這一組，航向員劉、射擊士馬，都相繼跳下來，我跳下來的時候，他們幫我接住降落傘，這時候我看到飛行員張、通信士和另外一位射擊士也從另外一輛車上下來。

一架Ｂ25張開肚子伸著三隻腳停在那裡，地上都是敷著鑿孔的鋼板。這種Ｂ25，初看上去是很不順眼的，引擎比翅膀還要長，頭大身體瘦，滿身槍砲林立，後面還是雙尾舵。但是，它是世界上最好的中型轟炸機之一，第一次轟炸東京就是它幹出來的。它要飛上雲天的時候，才特別有一種美感。這時候劉又告訴我：它現在還在一天天地改良，它的姊妹的名稱有B25A，B25B，B25C，……B25E,又還有B25E1，B25E2……新型的一架架比老型的好。你看過勞森上尉著的《在東京上空三十秒》沒有？比如說：他的B25上面就有副駕駛手，我們的沒有。

張和他的三位軍士在摘炸彈上的保險絲，我也彎腰跑到炸彈庫下一看。怪不得他們摘了那麼久還沒有摘完！他們替飛機掛了這麼多炸彈！不過我又感覺得懷疑：都是這種輕迫擊砲彈大小的傢伙，用到敵後去轟炸到底有沒有價值？後來再想：緬北的目標多半是沒有多少抗力的村落，有這種炸彈的殺傷力和破壞力也就夠了，他們的選擇是不會錯的。

飛機場上遍處引擎響，友機一架一架地起飛了。張廣祿催著他們：「快一點，他們都起飛了。」但是只怪炸彈太多了，摘保險絲也不是一件容易的工作。

在那九架飛機裡，我們大概是第八架起飛的。我跟著他們從機腹的小門裡爬進去的時候，感覺得一切都新奇。在機頭部這間小艙裡，有飛行員、航向員和砲塔上的射擊士。機腹的通信士和尾部射擊士另外有一間小門在後面。假使不怕麻煩的話，前後的小艙裡也可以爬行。當然，設計這種飛機的工程師沒有打算還有一個人觀戰，所以我沒有固定的坐席和無線電耳機。我把幾具降落傘在張和劉的正後方搭成一個舒服的沙發，把毛繩衣墊襯著凹處。座位剛弄好，張已經把飛機滾到跑道上飛。沒有多少時候就起飛。他們機內人員沒有什麼通話，司令臺上怎麼叫張起飛我聽不到。我那時候注意到的：這種飛機起飛比運輸機簡便，調整旋率就很快；他們說，轟炸飛機的跑道比運輸機要長，但是我看他們只在跑道三分之二的地方就升空了。

現在我想：我們同來的夥伴們都已升空，馬上就要編隊了。飛機繼續爬高，向左轉，又繼續爬高，劉已經把起落輪收進了機腹。向上一看，藍天如碧，氣候真是再好沒有。我們左邊有兩架，右邊還有四五架友機，我們的飛機趕上左邊的一分隊裡去，好，已經趕上了。這一分隊的長機是美國飛行員，他的飛機上塗著美國標識。這兩架僚機卻漆著青天白日的國徽，尾舵上也保持著中國空軍慣用的藍白條。但是每架飛機的鼻子上卻都塗著他們這一隊共同的隊標——一條龍跳起來向著旭日。這就是中美空軍混合團，我想平常人家說與盟友並肩作戰，沒有一個單位再比他們確切了。

那位美國隊長，那麼胖的身材，那麼莊嚴的面目，也親自駕著一架飛機向敵陣飛去，令人有滑稽之感。又轉了一個圈，飛機更升高了，看到下面的帳幕只有一塊橡皮那麼大。九架飛機都到齊了，開始振翼向東而去。但是各分隊還是自己爲單位飛著，分隊間的距離起碼有好幾千碼。

張廣祿望著他的長機飛，他的工作很麻煩，有好幾十個儀錶要看，又有這麼多操縱具，頭還要向左扭著，以便和長機保持間隔和距離。長機隔我們真近，尾塔上的槍手看得清清楚楚，要是我認識他的話我一定可以和他打招呼或者做鬼臉。張廣祿的頸力真強，我要像他那樣把頭扭上幾個鐘頭恐怕以後一輩子都擺不正了。

底下巴馬布特河在望，公路上各城鎮像一幅地圖樣地擺在那裡。在這種編隊飛行裡面航向員比較閒，劉就和我寫出飛過每一村落的名稱。他有一大幅航空圖和一隻膠質角度板，手裡還有一枝鉛筆，因爲他們航向員隨時都要準備用數學。機頂槍塔射擊手馬應龍老是旋轉他的坐椅，在沒有飛出印度以前，對於敵機倒用不著那樣顧慮，但是也要防備萬一。況且他的膠質槍塔上沒有遮陽板，現在太陽曬得正厲害，所以他口裡的口香糖嚼個不停，坐著的轉椅也旋個不停了。

里多區和附近那些空軍基地，都一飛就過去了，現在我們在山上飛，高度雖然增加，但是並不冷。我覺得轟炸機比運輸機還要平穩，速率快了好多，這是感覺得到的。飛上野人山的時候，三個分隊稍微密集一點，但是還沒有像飛機與飛機間編隊的那樣密集。並且右邊那個分隊就顯然要比我們飛得高。

到孟拱以後我們飛低了一點。這片天空，連一點雲彩都沒有。下邊的鐵道線，右邊的英道吉湖，以及鐵道兩邊的山，與地圖沒有兩樣。我們的隊形更要密集了，並且沿著鐵道線飛。我們就是這樣進入敵人的上空！恐怕我們這樣大模大樣一來，敵人已經在MOHNYIN放警報了。我回想這幾年來，我們到處躲警報，到處都碰到敵人的飛機嗡哎嗡哎呼嘯著從天邊出現，提心吊膽地看著他們投炸彈，現在易地而處，倒也大快人心！我雖然不是空軍人員，瞧著張廣祿他們在這裡造一點禍害也可以平一平我們的氣。我希望敵人的戰鬥機出現，我記著張副隊長講的，我們九架對他們九架毫無問題。這十五挺槍砲發射起來不知道是怎樣景況，突然敵人的機關槍穿進機腹可又怎樣驚心動魄！我希望他們幹一場，但是我希望他們不要把飛機給打掉下去了。我也希望看一看敵人的高射砲，但是又覺得不大好，我們隊形這樣密集，高度又不到兩千碼，高射砲打來一定有損傷……。

我正在胡思亂想，航向員劉遞過來一張紙條：「進入敵境。」

這時候身體的反應和在地面進入敵人機關槍射程內是一樣的，心跳加快；各種印象雖然一樣清晰，但是好像在腦部升高了一點；這時候自己講的話音調和語氣縱然和平常一樣（別人可以聽不出破綻），但是自己聽去覺得不馴熟。假使你對「預期的突然的不幸」想像得更多一點，你會露出馬腳，而會被人稱爲懦夫。事後想去，這種情景是很可笑、有趣而且願意再度嘗試的。在飛機裡面所不一樣的，是機械與槍砲上的操縱要求一點思考，不能將全部腦力任直覺發展，空軍人員，心理上與生理上也經過一番選拔；引擎的響聲多少也給人一種安慰。

張廣祿仍舊扭著頸子飛，馬應龍的槍塔仍舊在左右搖擺，我們可以看到戰線的痕跡了。在這走廊內，有一條鐵路，有一條和鐵路平行的公路，此外，交錯著一簇簇的叢林和一片片的開闊地。剛才我們過來的時候，那一截公路上車輛還是很多的，現在這邊一點活動的痕跡也沒有了。我們看到叢林裡突然出現的煙霧一閃，那是我們的砲兵在射擊（那幾天，新一軍的砲兵正在英軍步兵後面協同作戰）。我盡眼力瞧去，希望看到下面的步兵勇士，但是沒有看到。再飛過去一點，看到一簇樹林正在燃燒，火焰很猛烈，連綠色的樹葉都燃著了，豎起來的煙柱有兩百碼高。我用右邊的友機做陪襯，對著這叢林烈焰和默默的鐵道拍了一張照片，但是距離太遠了，又沒有濾色鏡頭，後來沖曬出來看不出什麼。

又再飛過去了一點，隊形更密集了。我再看下面：這附近有很多村落和林空，但是沒有一個地方不是重重疊疊地掉遍了彈痕，他們對這些地方可真費了一點勁！

太陽還是那樣出得神氣，天上還是一點雲彩也沒有，向南藍天半壁，哪裡有敵機的影子？今天的空襲大概是很平淡的。

「HOPIN」，劉用鉛筆在他的紙上畫著，並且要我看那下面的村子，這是一堆竹房子，當中夾著幾棟漂亮一點的房子，統統炸壞了。我點了一點頭。

「MOHNYIN」，劉又寫好了，老遠就用指頭指在機窗上要我看，他的指頭一直擺在機窗上擺了好久，我知道他的心神一定被目標吸引了。

等到我們可以比較詳細地看到MOHNYIN，長機的炸彈門已經打開了。我們對著一座白色的小塔直飛。現在可以看得更清楚了：房子很多，有幾座比較新式的建築，還可以看得清黃色的圍牆。就在這時候，長機裡掉下了三顆、四顆炸彈（我的注意力完全集中在長機上去了，劉和張在那邊做了些什麼動作我不知道）。一下炸彈脫逸了我們的視線，底下圍牆內外煙灰突湧出來了。我記得很清楚，我聽不到爆炸音響；但是小鍾以後堅持著他聽到，或者他是對的，因爲他坐在機腹的槍座附近。

沒有幾秒鐘，隊形已經飛過了MOHNYIN。飛機還是向南飛，又飛了幾秒鐘，整個隊形向右大轉彎。因爲我們是左翼分隊，各個飛機的動作都看得清清楚楚，那一下真好玩。隊形向西，向西北，折轉向東北，難道丟了這幾個炸彈就回去了嗎？不，劉在紙上回答我，「還要再來一次。」不過這一旋迴轉動得真大，幾乎又跑到孟拱和英道吉湖上面來了。隊形還在大轉彎，於是，太陽又在右前方，我們再沿著鐵道線向西南飛。

劉再寫了一個駭人聽聞的紙條給我：「敵人高射機關槍向我猛烈射擊。」因爲我們在機頭部，只能看到正前方的下空，那裡一點動靜也沒有。此外也看不到聽不到什麼，所以我幾乎不相信；我在劉的紙條上添了兩個字「現在？」他肯定地點了點頭。一直到後來回到基地我才知道敵人的一顆槍彈居然射中了我們一架飛機，幸而沒有傷人，只在尾部槍塔的透明膠片上劃開了一塊。——敵人的前置瞄準量計算得太少了；假使他們能夠把這點也修正，集束彈道釘死了我們的隊形，恐怕會有幾個人不能安全回來。當時我沒有耳機，不是劉告訴我根本不知道這回事。小鍾坐在機腹上，他們能夠看到曳光彈向飛機上鑽，不由得把頭部後縮。

我們又到了目標上空，剛才投的炸彈還有三個火柱在燃燒著。

我突然想起：我忘卻了一件大事。我們飛機上沒有投彈瞄準器，我們依著長機的指示投彈；但是我們的投彈器在哪裡？我再寫著問劉。他回答我：「看飛行員左手的大拇指。」我一眼看去，張廣祿的左手在操縱桿上的方向盤上，這種方向盤和汽車上的不同，只有半個圓周，上面有槍砲的捺鈕。在半圓左邊的末端上有一頭漆著紅色，只要用大拇指在這紅色上按幾下包管有幾個敵人在下面倒楣。

炸彈門早已打開，第二次投彈開始了。長機投出來的炸彈到處都是，一下甩了一大把，張廣祿也開始捺著紅捺鈕。這種輕彈投出來沒有電影裡所拍攝的好看，不能夠像中型彈一樣一個個很整齊、很勻均地在空中排成一把梳子才開始下墜。它們一出彈庫，就縱橫都有，前面飛機投下來的好像要碰在後面飛機上，突然鑽下去變得看不見了，然後那黃色圍牆內外又突起了煙柱、灰土與火花。在陰處著發的炸彈還能看到火花一閃。

張繼續捺著，把飛機上七十幾個炸彈都投完了，開始跟著隊形再來一個向右大轉彎，這次真的回去了。

這三點多鐘的飛行，興奮與好奇的滿足可以抵消疲乏而有餘。回到基地，大家跑到中槍的飛機附近去觀光，那位槍手剛從千鈞一髮的機會裡死裡逃生，現在很神氣地和人家談著當時的奇蹟。這一切和我們在四月中參觀戰車部隊的戰鬥一樣，恐怕技術兵種的快樂也就在這裡。

呂德潤說有一點，但是只有一點點頭暈。小鍾提議我們司令部觀戰的人員照一張照片，我說：「等小朱他們下來再照吧。」我們這時候才發覺小朱已經瞞著我們到臘戍去了。

他們由西格菲司領隊，西格菲司飛行，張副隊長擔任航向，還有三個美籍士兵在一架飛機上，凌課長就在他們機上觀戰。朱參謀坐在他的老同學的飛機上，他們一飛機都是中國人。

他們本來和我們一樣，準備吃過飯就出發。不知如何油彈員把炸彈掛錯了，統統掛的小炸彈，但是他們的目標是鋼骨水泥的鐵橋。他們只好換炸彈，每個飛機掛了六個五百磅的大傢伙，所以到兩點鐘才起飛。

本來，我們希望他們在日沒之前回來，他們沒有回來；我們想等他們吃晚飯，吃晚飯的時候也沒有回來。空軍節的節目還是照常舉行，他們全隊的中美官兵在一塊聚餐，餐後汽車兵團的劇團表演平劇。他們隊裡的人都很自信，認爲不會出什麼事。他們說：

「或者油不夠，他們降落在旁的機場去了。」

「假使那樣，會不會有消息通知這裡？」

「我想會有的。」

到七點半，就是降落別處，他們也應該加著油飛回來了。我們總覺得不大妥當，在會場裡臉上發熱，我和鍾從劇場裡退出來，坐在草地上看著滿天星斗。空氣新鮮，涼風四起，不時有飛機來去。我們沒有說話，默默地聽著引擎聲響，但是只有失望，這時候掛著紅燈來去的都是運輸機，並且沒有一架在這個機場降落。

劇場裡的鑼鼓聲不絕，到九點鐘，我們相信他們不會回來了。在脫衣服睡覺之前，我們腦子內幻想出一幅飛機觸山著火的圖畫。

到第二天，消息渺然；第三天，消息也渺然。他們的行蹤，永是一個謎。被敵機擊落螺旋下墜了？我想像著尾旋以前，沒有失去知覺的一秒鐘心內是如何震駭！在黑夜裡觸山？那幅可怕的圖畫又浮現在眼前。他們還有一線希望——被迫降落，但是公算是非常少。還有一種可能我們不堪想，被俘。我們假定他們是不會被俘的。

我們的公報已經宣布八月十四日轟炸緬北軍事目標，兩架飛機失蹤；但是敵人的廣播裡並沒有說擊落我機。失蹤！他們很正常地很平靜地和我們一塊吃午飯，吃過午飯就是這樣一去不復返嗎？盛書記長說：「我們想到張副隊長，印象是如何地深刻……。」他們說，空軍方面已經去信通知失蹤人員的家屬。我們又想到凌和朱，崔參謀很惋痛地說：「這次對你們陸軍方面的兩位同志真抱歉。」

冒著大雨回營區的時候我在胡思亂想：空軍的生活像一團夢，軍人的生活像一團夢，整個人生的生命又何嘗不像一團夢！這時候鍾的看法比我堅強，他說：「他們不是每天都在這種機會裡來去嗎？這算什麼！我們沒有後悔，如果還有俯衝轟炸的機會我們還是要去。」

一到營區，凡是參加轟炸的人都受到申斥與責難。我和小鍾所受的尤其空前，我又比小鍾受得厲害。

我們在司令部的餐桌上談著他們的生死，大家把他們生還的可能性漸次核減，後來的結論：只有百分之一的希望。但是怎麼會兩架飛機同時不回來呢？怎麼敵人不廣播呢？這是不可解的謎。

這團疑問到兩個禮拜之後才得到解答：凌課長從昆明拍回了一個電報。他說：他們的轟炸是「功成機毀」，朱參謀一行被迫降落在怒江西岸的敵後，他跳傘降落在雲南景東縣境，跋涉才到昆明。最後，他說在候飛機再來印度。

五天之後他果然回來了。深夜，我們聽他講故事。他們兩架飛機很平穩地飛到臘戍，根本就沒有敵機的影子。到臘戍以北，看到公路上有敵人的卡車行駛，西格菲司點了一點頭，就俯衝下去對著他們掃射，可以看到車子停了，引擎冒煙，兩三個人從車上跳下來四散逃命。

他們又繼續南飛，在臘戍北兩英里找到了他們的目標。這橋是鋼骨水泥造的，大概有二百碼長。仔細一看，不只一座橋，旁邊還有一座木製便橋。兩架飛機就依次俯衝下去投彈，一直離地面只有四百英尺。每次投兩個炸彈，在第一次投彈的時候，只炸中了鋼橋一端靠橋礎附近的岸邊。第二次投彈的時候，感覺是炸中了，並且感覺得高射機關槍對著飛機直射（飛機大概就是這時候負傷的），西格菲司已經又把飛機拉起了。再旋一個圈，看到後面一架飛機正在俯衝，下面塵土煙硝和水花四濺，鋼橋已經炸得不知去向了。第三次他們結束了木製便橋。但是，不幸的是，他們每次旋迴和俯衝都在同一的空間，所以給高射部隊算中了，兩架飛機都負了傷，飛機上的人並不知道。他們又在敵人的一座司令部內外掃射了一頓（西格菲司每次回家總剩不了什麼彈藥）才開始向印度回航。

向西北飛了十分鐘，朱參謀那架飛機飛不動了。西格菲司繞了一個圈回去，知道他們飛機受了傷，就發信號給他們，並且決定不回印度去了，折轉東面向雲南境內飛。那架飛機居然也跟上來了，沒有五分鐘，又落伍掉在後面。西格菲司再回去，他們大吃一驚！落伍的飛機已經在一塊林空上強迫降落了。這時候沒有辦法，只好低飛向樹林裡掃射了一陣，掩護他們著陸。暮色蒼茫裡，看到他們幾個人跑出飛機，匆匆向林內藏匿。這時候西格菲司的汽油也不多，天又快黑了，只好單機向雲南飛去。

過了怒江，他們的飛機也發生故障，螺旋槳軸沙沙作響，汽油不夠了，飛機場還不知道在那裡，最後決定跳傘。在黑夜裡，西格菲司將飛機旋迴著，使跳傘後彼此的距離在一個圓周上，不致彼此太遠。射擊士首先跳，飛機上有這種緊急門閂，拔開的時候連門帶梯子都一塊掉下去，但是那天拔開了門還不掉，射擊士就站在門上一跳，連人帶門掉在無邊的黑暗裡去了。

現在輪到凌課長跳，他敍述當天的情景時，特別指著我說：「哼，你還要我不去，讓你去，恐怕你去了也要大傷腦筋。」

他鼓起滿腔勇氣才跳出去，按照規定默數了四記才拉傘，在半空裡蕩了幾分鐘秋千，口裡的水突湧出來，看到下面一片漆黑，疏疏落落的幾點燈火，還不知道是否敵境，又不知道地面情形如何，不覺得心頭冷戰。他暈過去了，不知道什麼時候，「撲通」倒在大地上。他腰部負傷，幸虧不重，當晚裹著降落傘在山上睡了一夜；第二天在山上亂跑了一天，到日暮才知道到了雲南景東縣。又經過一天才被村民帶到一個小村落，三四天後，西格菲司、張副隊長和幾個軍士也都一個個被引到那裡。大家都是第一次跳傘，差不多都是很輕的跌傷。飛機也掉在附近山上，燒得剩不了幾塊廢鐵。

他說：朱參謀不久也要跑回來的。

朱參謀也跑回來了，他的精神特別好，帶回來的是腰部一枝左輪，和一股眉飛色舞的神氣活現。

敍述炸橋的時候，他們埋怨西格菲司。他學著他同學講的：「西格菲司不知道厲害，一出任務，到了目標上空就捨不得回來。」不過在投彈掃射的時候，他們並沒有這樣感覺，只認爲很好玩。就在那幾分鐘內，他們的飛機吃了虧，自己還不知道。所以他們又繼續掃射了好久，還打算向印度飛。

飛到臘戍西北二三十英里的地方，左引擎的滑油管漏油，尾座槍手爬到前面通知他們，他們已經知道了，這下子唯一的辦法是關閉左引擎，因爲繼續再飛下去，飛機會著火燃燒。這時候因爲操縱得很好，飛機還很平穩，所不幸的，因爲馬力打了一個對折，飛機不能升高，而前面正是幾千英尺的高山。

他們開始丟東西，沒有用完的槍彈砲彈，都丟下去了，無線電機也拆下破壞甩掉了，還是徒然，他們減少的重量有限，而飛機機械能力的損失太大。

西格菲司飛回來，作信號叫同向中國方向飛，他們也希望折向東飛之後，或許山要比較低一點；但是，不行，還是一座高山橫擋著去路，他們的飛機又掉下幾百英尺，於是他們才決心強迫降落，地點在新維貴街附近滇緬路以西的一片空曠地內。

剛一掉下來，差不多每個人的頭部，尤其牙齒和下巴都碰得流血。四面八方，也不知道是敵軍還是土民，一大堆人呼嘯著搶上來，而他們只有一枝手槍。幸虧西格菲司在上面一掃射，這些人逃的逃，躲的躲，才給他們一個出險的機會。

他們扯開了降落傘，裡面有一塊巧克力糖、幾把刀、釣魚鉤和繩子、綢製緬甸地圖以及特種地形的求生須知的小冊子（裡面有怎樣辨別花果的毒性，以及如何捕捉和燒烤猴子的方法）。從那天薄暮起，他們開始晝伏夜行。看地圖上，只要走兩天就可以過怒江（但是他們走了一個星期），所以他們決定安分守己地各人咬著降落傘內特別為遇險設備的巧克力糖，不打算再麻煩緬甸土人，也免得人家再給他們麻煩。

那幾天晚上都下雨，他們沒有睡什麼覺，也沒有穿過乾衣服。逢著有人住的地方就繞過去，遇著人的行蹤就躲起來。走了兩天，才脫離了人煙稠密的地區。

那一帶有很多樹林與荒山，他們拿著那本求生須知，上面畫著有毒無毒的野果，但是他們連一個有毒的果子也採不到，一隻鳥、一個猴子也沒有，釣魚嗎？他們只過了一道河，河上灘流湍急，沒有淹死已算萬幸，再不敢打旁的主意了。

到第四天，他們實在餓得忍不住了，跑到荒山上一個獨立的茅棚子裡面去行劫。但是結果又只有使他們失望：裡面只有一個老頭子，連話都不會講，什麼都沒有，他們只好把老傢伙綁在柱上又逃。

到當天黃昏，他們潛伏在路旁茅草堆附近，準備獵取過路人的食品。看著一個人穿著青衣青褲走過來，他們準備掏出手槍，看著對方沒有敵意，才把槍放下。但是真奇怪！這是一位雲南人！他們馬上跑上去，四面圍著他，自稱是游擊隊來打日本人的，現在錢很多，但是要弄一頓飯吃，當時就給了這位同胞五十個盧比，並且要他把飯送到河邊樹下。——他們指定了一棵樹。

那一點鐘等得真心焦，肚子餓得發慌了，飲食的誘惑使他們不能不等著。萬一這位「同胞」出賣他們（緬北這一帶很多民族雜處，很多人會說一點雲南話），豈不是自投羅網？是他們太餓了，只好拿性命和這同胞的信用作一孤注的賭博。

賭博是勝利了，贏得的是一盆飯、一碗肉絲炒豆芽、一碟臭豆腐。他們馬上狼吞虎嚥，黑暗中，六個人用手在碗碟裡亂抓，掉在地上就連泥灰也吃掉了。我們的雲南同胞在旁邊看，他從來沒有瞧到如此吃飯的人！

這位同胞說出幾句話才使他們驚心動魄。他說：現在附近村子裡都很忙；日本人要他們捉六個人。

朱參謀馬上問：「怎麼要找六個人？」

「早天掉下來一把飛機，六個騎飛機的人。」

飛機的單位用「把」，坐飛機的動詞用「騎」，已經是聞所未聞。他們再瞧瞧自己，剛剛六個，每個人都穿著飛行皮夾克，不覺忍住了笑。朱參謀又問：

「那把飛機已經掉下來了，要捉這幾個騎飛機的人不是很容易嗎？」

答覆還是令人可笑，但是態度仍舊很誠懇：「那六個騎飛機的人一下來，另外來一把飛機打機關槍，後來又把他們接上天去了。日本人不信，還是要捉。他們說：中國飛機還要來，現在每家人出兩個人，擡木頭去堵住那塊空坪。」

現在我們猜想：朱和他們著陸的時候，土人已經看清楚六個人。後來西格菲司一掃射，土人跑散了，再去看：一把飛機還在，六個騎飛機的人已不知去向，所以說是給飛機帶跑了。

至於日本人，對於我們空運部隊的防備太敏銳了，他們在鐵道走廊、在密芝那吃過兩次虧，恐怕我們又在偵察敵後著陸的場所。後來空中照像證明：他們把朱參謀一行著陸的地方用木頭堵著。後來情報又說，敵人在那邊派了一千多兵守備。我們覺得這樣不壞，所以朱參謀的故事，到今天才能揭露。

當時他們對於這位同胞天乎天乎的談話，實在令人如在夢寐。但是這位同胞腦筋簡單嗎？不，他後來和幾位同伴用了很多計謀，如聲東擊西等等，帶著我們六位騎飛機的官兵通過日軍三道步哨線，到怒江邊上。

他們騎（又是騎！）獨木舟渡過怒江，徒步到鎮康縣，一路有游擊隊協助。一到昆明，朱說：「手槍真有用！」他想法子弄到一支左輪，現在掛在腰上。

起先，他們以爲西格菲司他們一定會安然飛返，並且可以把他們強迫降落的情形先告訴家裡的人，後來知道西格菲司自己也跳傘，大家不覺大笑。

我說：「當初我只差一點，要是我去參加俯衝轟炸，豈不是也可以回國一轉？」

小鍾說：「你這個人講話真不應該。他們失蹤，你說你幸而沒有去；他們遇到好玩的事，你又……。」

我承認我的想法有些不對，但是，許多機緣在我身後打轉，一念之差就有這麼大的出入，我不能對著這些微妙的機遇沒有好壞兩種幻想。我說：我的空想以我自己爲單位，沒有交錯著旁人的利害。我現在還是想：「假使凌課長讓我……假使朱參謀的座位給我先得到消息……。」

我們的副參謀長集合大家說：「我們佩服他們的勇敢，但是不能再提倡……。」

八月十四日的故事已經就此完了，不過，以後每年空軍節我們不會忘記這幕喜劇。

民國三十四年二月二十一日補記

我所知道的八莫攻城戰

八莫的攻城戰，於十一月十七日開始，到今天十二月十五日敵軍全部被擊滅爲止，共費時二十八天。

像八莫這樣的地方，能夠困守到一個月，我們不能不承認敵軍的頑強。但是，到今天戰役結束，我們，哪怕就是敵人自己，也不得不承認這種頑強事實上是一種浪費。如果密芝那之役敵軍還有一部分消極性的成就，則八莫之役連這種成就都沒有。到現在，許多事實可以宣布了，我們一切根據事實。

首先我們說敵軍的防禦兵力：敵人的兵力是一個搜索聯隊（等於騎兵團，較步兵聯隊爲小）、一個步兵大隊、兩個砲兵中隊和其他後勤部隊、零星部隊。全部兵員據最低度、最保守的估計，在一千五百名以上。敵人在這座小城市構築工事，遠在密芝那戰役剛發動時；這中間雖然經過四個月的雨季，但是雨季限制了敵軍，也限制了我地面部隊和空軍的活動。因此，敵人在過去這一段時間裡，對我們可以沒有顧慮，得專心一志於防禦部署。

八莫這地方處在太平江和伊洛瓦底江的匯合處，地勢特別低。城北和城東南，有兩處三百碼寬的泥沼，其他較小的泥沼和窪地遍處都是。街道沿江發展；此外還有幾條馬路，簡單而開朗，房屋的稀少疏散，有如密芝那。

因爲地形這麼古怪，所以一座市區好像三個圓圈各以一部分相切。這是八莫守軍的東北三個據點。外面圍攻的部隊爲弧形所限，戰線不能連綴；但是守軍既能獨立作戰，又能夠以核心爲聯絡的樞紐，況且有很多好的建築，正好給他們利用。如城北的監獄、憲兵營房和舊砲臺，城東的海關以及城東南的醫院。這些建築物，已經在中央社的電訊裡和各位混熟了，相信每一位讀者玩味一下這建築物的名稱，就知道了它們的強度，也了解了他們對於攻城戰的意義。

這樣一隻鐵菱角，再加上飛機場和其他附廓據點，一共橫寬三千碼，縱長五千碼，這就是三十日來劇戰之處。

在最初一星期內，我們剝著菱角的外皮，那時候展開的兵力比較小（一直到今天占領八莫，新卅八師並沒有展開全師兵力），使用的砲兵只有山砲和輕迫擊砲。一部分步兵缺乏彈藥，十一月十七日和十八日夜，因爲彈藥不夠，被逼每夜和敵人以刺刀格鬥幾次。縱然如此，各隊還是能按照計畫前進；起先進展最快的是東南角，次之是北面，不久都相繼逼近敵人的陣地。我們最可欣幸的是我們部隊有進無退的精神，他們一前進，敵人乘著占領未確實的時候反攻，最初砲擊，次之戰車衝擊，然後步兵近接。但是敵人沒有一次逆襲成功過。到第二星期除了殘存據點之外，戰線膠著在菱角的弧線上了。

那時候鄭副總指揮和孫軍長幾乎每天都坐聯絡機到前方督戰，李師長和葛副師長經常巡視第一線，所有的攻擊部署都經過縝密的考慮。因爲根據密芝那的經驗，敵人準備自殺防禦而企圖拖著我們一同下水，硬拚下去，雙方的損害都重。所以決定盡量加強火力，避免傷亡，而不計較時間。爭取時間，另由六十六團六十五團兩部隊負責，他們銜命相繼南下，而八莫攻城戰的砲火，也在主陣地南移之後愈趨猛烈了。

從十一月底到十二月一日、二日，攻城部隊都在步砲空協同之下每日推進一二百碼。P47式機俯衝投彈，很能達到地面部隊的要求。一位少尉排長敍述步兵第一線景況時說：「我們看到飛機飛得這麼低，炸彈投得這麼近，只恐怕彈著偏差，看看快要炸著我們自己人了。但是等到機頭拉起，硝土充塞空間的時候，才知道我們的擔憂是多餘，想像以爲投彈太近，而實際正好。」

山砲和輕重迫擊砲的直接支援，也非常令人滿意。有一次攻擊準備射擊的時候，因爲彼此步兵線相隔只有五十碼，我們步兵就在砲擊之前稍稍向後移動。重機關槍隊有一隻零件箱忘記帶下來，等到再攻擊上去的時候，發覺已被自己的砲彈破片劃了一個大洞。這可以看到步兵線的近接，和砲火控制的恰到好處。

敵人仍舊抄襲密芝那的戰法：盡量地藏在地下，不到十分有利的條件下不露面，不到五十碼之內決不射擊、不掃清射界。砲兵奇襲射擊，夜間步兵向我反撲。

敵人的工事非常隱蔽，火力控制得非常好；有時候一個敵兵有幾個掩蔽部，在這個掩蔽部射擊幾發，再借交通壕跑到另一個掩蔽部。我們步兵務必十分機警，因爲灌木很多，假如被敵人吸引，魯莽向一面前進，就有在側背遇伏的危險。例如在中國公墓附近，敵人的掩蔽部與墳堆相錯綜，不在最近距離，不能判別。我們的步兵雖然借砲火掩護通過敵火壓制區域，但是殘存的敵兵依然不退，我第一線步兵只能繞路通過，讓掃蕩隊去肅清他們。最後幾乎在每一個掩蔽部內塞進一個手榴彈才使戰鬥結束。我曾經看到好幾個被手榴彈炸死的敵兵屍體，死後還在掩蔽部蹲著作臥射狀，頭部聚滿了蒼蠅，啊，那景象真可怕。

敵人的工事很堅固，但是障礙物並不如理想的強，或者是因爲缺乏物資的緣故。在城東通公路一帶的工事，掩蔽部裡還有很好的土床和掛武器、水壺等的小釘，可見一切準備得周到。據說最堅強的工事在城北，有一部分工事以八九層大樹作掩蓋，事實上是一座地下堡壘，有些工事裡面裝有水管，毋須出外取汲飲水，但是我還沒有機會去參觀過。

在這樣的工事區域內，我們確實發射了相當多量的砲彈，也投下了相當多量的炸彈；但是決不因爲消耗了這堆軍火，就埋沒了步兵勇士的功績。他們仍舊表現了驚人的勇敢；我用「驚人」兩個字還不夠形容他們，他們有些動作，簡直冒失得令人難以相信，凡是參觀他們戰鬥的人都有此感。最可貴的這些勇敢、冒失，與砲空轟擊非常協調，所以這兩周的戰鬥，進展似乎很慢，而敵人的兵力，就在此兩周內消耗。我們的動作是協調而統一的，因此死傷非常小。

到第四周，重砲用上了，對於殘敵更加上一層威脅，不僅敵人血肉之軀，就連堆藏在地上的糧彈都給破壞了。於是敵人戰意全消，於今日午前開始集結最後幾百人由北沿

中國軍隊占據著薩爾溫峽谷的東部高地

江向南，企圖衝開一條血路向南逃竄，但是大多數已成爲我機關槍隊的有利目標，尤以城南沙灘附近，伏屍最多。

敵人戰略上的目的沒有達成：根據敵件，敵人有意遲滯我軍行動達三個月，我新三十八師以二十八天的日子把八莫拿下了。對我全軍說，八莫的阻遏只遲滯我軍行進四天，我旁的部隊早在八莫之南四十—五十英里的地方接觸了。

敵人的戰術尤其失敗：戰鬥方式不是可以抄襲的，有一個密芝那不會再有第二個密芝那。根據現在不全的數字，今天我們在城內擄獲各式火砲八門、戰車七輛；敵人曾經希望用這些本錢給我們相當的損害。現在我們損害的數字沒有公布。但是據我們所知道的：全部攻城戰二十八日，我們戰歿的人員不過兩百左右。如果敵人的戰鬥指導高明一點，不形成「小敵之堅，大敵之擒」，我們可能還要吃虧得大一點。

以上不過是我所知道的一部分事實，但是這已經很夠了。基於這幾點，各位對於爾後打通滇緬路以及全面反攻，一定有一個明確而充滿希望的觀感。

十二月十五日

「這種敵人」

一

那天，我去訪問陳鳴人團長。

陳團長正在第三營曾營長的指揮所內打電話。

這指揮所距火線差不多一英里，雖然擺在乾溝裡面，但是地土乾燥，光線明朗；附近有許多圓葉樹，中間也夾雜著一束束的竹林。

敵人的砲兵還在胡鬧，有兩發砲彈在公路左側爆炸，塵土飛揚，橋壅裡崩下來一片碎土。陳團長說：「你看，敵人的砲兵還這樣的自在，你們重砲快制壓他們！」

砲兵指揮組的一位官長問：「自動砲架上的火砲你希望怎樣使用呢，團長？」

曾營長建議：沿著公路兩側橫寬兩百碼縱長三百碼的地區來一個面積射；於是，關於砲兵火力就是這樣決定了。

這時候擔任砲空聯絡的MAJ TABER也搬到第三營的位置，TABER是一位很年輕、很年輕的軍官，臉上一點皺紋也沒有，牙齒白皙得可愛，笑容常常露在面上。他搬來的通信器材，倒有一大堆：通各砲陣地的有線電話都是專機專線；還有一架無線電機，專門和砲兵、飛機聯絡。我們看不到飛機，但是聽到樹頂上的引擎響，它正在敵陣上空畫8字。

一切環境是這麽熱鬧：就在不講話的時候，空中的電波也跑到無線電耳機裡面，發出一陣陣沙沙聲。並且敵人的幾門砲，還在搖頭擺尾地射擊，有幾發砲彈落到步兵第一線。

我們知道陳團長很高興。他說：「啊，今天砲兵倒非常賣力氣，這樣合作，倒是我作戰以來的第一次——這種敵人，只要兩翼一迂迴，正面加壓力……。」但是曾營長接著第九連的電話，報告步兵的準備好了，只要等砲擊完了就可以開始攻擊，團長不由得看看左腕上的手錶：「喂，你們要快一點，一點只差五分了，到一點半之前我們要完成攻擊準備射擊。」

TABER還是笑著，一面加緊工作，爲了補助空中觀測的不足，他要求步兵砲的觀測員幫助他們：

「假使你們把敵人砲位的概要位置——最好是一兩百碼以內的位置告訴我們，則飛機上的人員比較有把握一點——而且要快一點。」

他的要求馬上被接受了，曾營長打電話問前進觀測所。

前進觀測所和空中觀測的結論一樣：敵人的砲位在81.2—84.7，TABER把紅圖釘釘在這一點座標上，隨即通知砲陣地。經過試射以後，地面和空中所報告的誤差數還是很接近。指揮所裡的人很高興，認爲今天敵人一定要倒楣。陳團長正在脫身上的毛背心，也不由地說：

「這樣看來，我們的觀測員還不錯呀，別瞧他小孩子……。」

二

效力射開始以後，曾營長到第一線去指揮。

緬北的晴意正濃，太陽曬得鋼盔發燙，一陣熱風，夾著灰沙吹在面上。我們經過一個小曲折，下坡，又循著公路上坡，一座三合土的橋梁被敵人爆破了，我們從左側小溝裡繞過去；附近有一匹死馬的屍體，這一帶有一陣怪臭，許多蒼蠅遇著有人經過的時候，撲著翅膀逃散，發出一片嗡嗡的聲音，怪臭隨著聲音更濃厚了。

我們的砲兵陣地發了狂，各式砲彈像蝗蟲樣地飛滿天空，這時候敵人的陣地成了維蘇威火山。但是敵人的砲彈也還繼續不斷地落在我們步兵第一線。

在這段彈道下走著並不很壞，許多灌木欣欣向榮，對著遍處煙硝，大有不在乎之感；這邊一片空曠地，那邊一座村落。回想去年這時候，我們還擠在大萊河畔的原始森林裡，一片鬱鬱雍雍展不開；可是今天，我們已經能在這柏油路上來去。一年了，這一年看來很短，但是事實上也很長，光說沿著公路五百多英里，哪一段不是沾染著鮮血？公路左邊一塊水泥的字碑：

「臘戌——二十四哩；貴街——二十六哩」

曾營長指著道標，很高興地說：「到臘戌還有二十四哩。」

我知道他由拉家蘇山地轉戰到這裡，看到這樣的標誌，自然會充滿著滿腔慰快。可是，敵人如果沿著公路抵抗，我們在這二十四英里之內還免不了奮力一戰，結果免不了還有幾個人要在這裡死傷。也許報紙上只有一兩行很簡短的電訊很輕描淡寫地敘述一下；而他們……？我想：「他們」現在都還活著，都還以一股熱忱向這二十四英里邁進，並且，腦子裡連這樣不純淨的觀念也沒有……我再想：我一定要去看看「他們」。

傳令兵打斷了我的胡思亂想，他將我們引進左邊樹下，「就在這裡。」裡面是第九連呂連長（他是第三營副營長兼代連長）的指揮所，隔火線還有一百多碼。呂連長在向我們招呼：「快點進來，剛才砲彈破片還掉在這附近。」進去之後，我發覺他們的工事沒有掩蓋，仔細一看，根本不是工事，不知道從前誰在這裡掘開的一條深溝。這深溝裡面蹲滿了人，連第八連的潘連長也在內。

三

敵人的速射砲沿著公路來一個梯次射，我們坐在背包，躺靠著土溝的斜壁上聽著砲彈一聲聲爆炸。

曾營長給第八連一個任務：從現地出發，沿著山麓，繞公路以東，截斷八六線上的交通。潘連長用手指在地圖上按一線痕：「就在這座小橋邊，是不是？」

「對了，你們要注意公路南北的敵人同時向你們反撲。——可能的時候你們就破壞敵人的砲兵陣地。——你打算如何去法？」

潘連長的答覆是非常肯定的：「先去一排，主力保持四百碼的距離。等那排人到公路上站穩之後其餘的再上去。」

「那很好。到達之後，你派人回來引路，我給你們送彈藥上來。——你們多帶六〇砲彈和機槍彈。你還要什麼不？」

「不要了。」說完了潘連長就帶著他的傳令兵走了。

深溝裡面，大家屏息著聽第九連火線排的進展。二十分鐘的砲擊已經完了，馬上步兵的近接戰就要開始。

好，步兵接觸了，首先打破靜寂的是敵人的一座重機關槍，這傢伙頻頻頻頻地連放了二十發，然後接著是兩顆槍榴彈爆炸，我們還躺在溝壁上，我們想像步兵班隔敵人最多不過兩百碼，我們的機關槍也在還擊了，好傢伙，他們每次只射擊兩發，相信今天的戰鬥雖不激烈，一定艱苦。

這時候火線排由胡國鈞排長率領著，胡排長負傷剛出院兩天，抱著復仇洩恨的心情，指揮著他這一排人向那沙村突進。那沙村沒有幾間房子，但是這一段公路開闊得很，正前方有一座高地瞰制著公路。他們只好折轉向左邊灌木叢裡前進；不料敵人也非常狡猾，他們把灌木叢的中心區燒完了，只剩著一座圓周，一到他們進入圓周裡面就開始射擊，側防機關槍非常厲害。

我跑出指揮所，臥倒在棱線附近，希望看到開闊地裡的戰鬥。正前方那座高地被破片和爆煙籠罩著，我覺得我替他命的名字不壞，雖然煙硝泥土對著晴光，色調不很鮮明，可是很像畫片裡的維蘇威。左面被前面另一條棱線遮住了，只能大概判別灌木叢的位置，那邊機關槍的旋律加快，還夾雜著幾發三八式的步槍。看不到一個戰鬥兵，只有鋼盔對著陽光一閃的時候，可以看到幾個人在運動——那是幾個不怕死的彈藥手。

回到連部，我們接到胡排長的報告：敵人的側防機關槍非常厲害，列兵王永泰陣亡，姚太周負傷，第六班的班長曾斌負傷，他們還要六〇迫擊砲彈，呂連長派人送上去了。

爲什麼敵人這樣頑強？前面槍聲又加緊，頗頗頗頗一陣才放鬆。我們的砲兵第二度猛烈射擊，敵人的速射砲也加速還擊，這種速射砲火聲音和爆炸音連在一起，中間只有一段「呼——」，一段很短的彈頭波，聽起來有如「空—咵！」我們的弟兄們都稱之爲空咵砲，我們的連部已經在空咵砲的彈巢裡了。

呂連長剛打電話要兩副擔架上來，前面報告砲兵觀測所又有一位弟兄負傷，送彈藥的弟兄說，他連左踝腳骨後面一塊都打掉了。並且混亂之間偏偏多事：一位輕傷的弟兄自己下來，在小樹林裡面迷了路，半天也不見下來；還有衛生隊自己也有一位弟兄在後面公路上負傷。

四

等到姚太周和曾斌下來的時候，已經是三點十分。他們在前面等擔架等了很久，但是旁的人比他們傷還重，擔架都忙著，他們只好由送彈藥的弟兄扶著到連部。

曾斌一進來嘴裡就哼，他看著王永泰倒下去，他想把那支步槍撿回來，槍是撿回來了，但是他的左手掌也被敵彈打穿，紅腥腥的一團血肉模糊，上面雖然用繃帶綁著，血仍舊透過繃帶掉在地上。一位弟兄幫他撕開重新敷一層止血粉，我走上去綁緊他的手腕，我覺得替「他們」盡了一點力，心裡有說不出的快慰，但是他哭嚷著要水喝，我們不能給他喝，呂連長把他的水壺拿過去了：「你要喝等開刀以後才能喝。」

姚太周的傷也相當重，一顆子彈在腰部以上由右向左打一個對穿。他沒有哼，臉色也還保持著紅潤，人家把他墊著俯臥下去的時候，他痛得用力緊閉著他的眼睛，閉著了又慢慢打開，一連閉了好幾次；他額上的筋在顫動，到底擔架再來了一次，把他們都接下去了。

胡排長的報告：敵人跑出工事向我們反撲，被我們打倒了好幾個，前面衝鋒槍在連放。

右翼搜兵的報告：繞著右邊山地走，過五道水溝可以繞到村子裡，但是村子裡敵人多得很，敵人的戰車已經發動了。

敵人還要來一次反撲？大家覺得很奇怪，但是沒有一個人激動。曾營長叫第九連在現在的到達線趕緊構築工事，打電話叫第七連抽一排人上來，並且親自到公路上去配備火箭。

我跟著他到公路上，曾營長說：他的火箭排有三架戰車的紀錄，所以我們對於敵人破爛裝甲兵，實在有充分的自信。最引人發笑的是：火箭排的班長一面揹著槍身進入陣地，一面還回過頭來和連部的一個傳令兵討論交易，傳令兵要班長買他的手錶，他要二百五十盾，但是火箭排的班長只肯出五盾……。

到四點左右，敵人的戰車還沒有上來，我們相信不會來了。一方面快要入暮，曾營長準備要部隊停止攻擊，候第八連的迂迴奏效以後再幹，我們同回到營指揮所，在隱蔽處對著灰風飽餐了一頓。只有陳團長始終樂觀，他再和山上迂迴的部隊通了一次無線電話，知道各隊的進展順利，他還是堅持著那套理論：「對付這種敵人，只要兩翼迂迴，正面加壓力，敵人沒有不退的，恐怕今晚敵人還要反撲，但是明天早上就準退……今天MAJ TABER在這裡也很著急，他弄了半天，敵人的砲還在射擊，他覺得很難爲情。」不過TABER回去的時候陳團長還是很謙遜地向他致謝：「今天你們砲兵已經盡了最大的努力，我很感謝，只是步兵太慚愧了，進展很少……。」TABER也笑著：「團長，我們明天再幹。」

五點左右，壞消息來了：第八連潘連長的迂迴部隊和敵人的迂迴部隊遭遇，還傷了兩個人，看樣子敵人的企圖還很積極。這時候大家興奮的心上不免投上一重暗影，一位悲觀的軍官在自言自語：「我曉得我們團裡一定也要碰一次硬釘子，一定也要碰一次硬釘子，敵人一天打了四百多發砲彈，又是戰車，還來迂迴……。」

五

第二天一早，我們開著指揮車再去拜訪陳團長。

一到昨天的指揮所，使我們大吃一驚，團長和營長都不在，營部副官正在督促著兵伕收拾家具，有兩部車子已經駛向前面，我記著車子是不准再向前去的。

這時候副官已經看透了我的驚訝，他跑過來和我打招呼，他說：「團長在前面，敵人已經退了。」

我簡直不相信我的耳朵，我記著敵人還在迂迴……。

「前進了好遠呢？」

「部隊到了二十一哩的地方，還沒有和敵人接觸……。」

我把車子駛到前面斷橋的位置，果然，工兵隊正在修築破橋。下去步行了一段，在前面三百碼的位置遇到了團長。我才知道昨晚和潘連長接觸的是敵人的一個小隊，潘連長帶著後面的兩排旋迴展開，敵人都跑了。公路正面的敵人也稍稍費了一點氣力，曾營長在清晨三點鐘發動拂曉攻擊，敵人才狼狽後退。我又知道左右各部隊都有進展，團長的結論：「這種敵人，只要兩翼一迂迴，正面加壓力……。」他並且又解釋：情況混亂危險的時候，往往也是打開局面的時候，所以他始終自信。

我們跟著部隊後面前進，前面一連四座橋，都給敵人爆破了，柏油路上，有兩處埋著一排排的地雷（已經給搜索隊挖出來了），還有一座橋下扔著三個地雷，連裝雷的木匣還在，再前進一段，看到無處不是我們砲彈破片，有大得像酒瓶的和小得像戒指上的鑽石的；有一片竹林，打得倒在一堆；在一處蘆草邊，就發現了四具屍體。陳團長說：「這樣砲擊他們到底也吃不消……。」

在半路上我們遇到**MAJ TABER**，團長告訴他：部隊已經推進了，要他們砲兵陣地推進到那沙村附近吧，現在我們還沒有射擊目標，部隊還在行進；但是，在午後三時以前，你們空軍在八〇線以南能找到什麼目標，比如敵人的砲兵進入陣地，你們儘管射擊。

沿途各部隊都在前進，通信兵連電話線都不夠了，後面一個兵推著兩捲線向前跑。

在芒里附近我們找到了曾營長，他領我們看敵人的砲陣地，四門山砲陣地附近都有彈痕，我們相信敵人的處境實在不堪設想。但是在一個掩蔽部內就有四十幾發彈藥筒，怪不得那天我們感到敵人的砲兵太猖狂了。

團長要曾營長先占領了那座瞰制公路的高山，免得被敵人利用。曾營長說：「我已經派第七連去搜索了，第九連我還是要他前進，到發現敵人爲止。」

六

在我寫完這幾行的時候，陳團長的部隊已經通過十五英里的路碑了，我想明天再去看看他。但是我一想到「這種敵人——」，他那樣充滿著自信的語氣，不覺得引起心頭微笑。

民國三十四年三月一日

老臘戍和新臘戍

老臘戍和新臘戍

三月五日，陳團長的部隊都到達了南姚河北岸。

這一星期來，我跟著他團裡，看到他們攻那黑村，摧破了敵人的抵抗。潘以禮連長率領五六十個弟兄攻溫太高地，把據守三九六三山頭的敵人全部消滅；曾長雲營長率全營主力通過三二六九隘路。並且瞧到他們官長陣亡，弟兄負傷。現在困難地形都通了，馬上要進入開闊地，心中實在不勝快慰。站在滇緬路八里道標附近，新臘戍的一瓦一石，歷歷可數；敵我相隔僅僅一道二十碼寬的南姚河。

從航空照像上看，新臘戍在山上，老臘戍在山麓的東北，相去只一英里半。火車站在老臘戍的正西，這三點正好成一個等邊三角形，相互間都有公路連綴。

從現地上看：正對著南姚河，老臘戍在左，火車站在右。當中六千碼的一線平原，上面長滿了灌木林。更左和更右，都是一座座荒山。地形相當複雜，但是開闊而不暴露，正是運動戰理想的戰場，尤其適合使用戰車。戰車群奉命在叢草地施行廣正面的搜索，附帶偵察一兩處渡河點，他們已經帶著裝甲開山機去履行這項任務去了。

到午後三點左右，陳團長的兩翼都在河北岸構築工事，沿公路進展的正面隔河也只三百碼。火箭排的陳排長已經耐不住了。他自言自語：「管他，今天晚上我硬要一個人摸到臘戍街上玩玩。」大家聽著都笑。

但是陳團長主張比較慎重，他認爲，臘戍戰略的價值雖然已經減低，但是敵人縱不像八莫和密芝那那樣頑抗，也不會一乾二淨地輕輕放手，尤其在這種地形，沒有嚴密的部署，最容易出事。所以，他召集幹部會議，把當天的任務區分完畢，自己就坐著聯絡機在敵陣上空飛旋，差不多整個下午的時間都花在飛機上。

四點十分，正面陳新工連也已經由連派出排哨，排哨將抵抗線構築在前面，並且把監視哨的位置伸張，伸張到河岸上。

那時候我正和曾營長在公路上慢慢走著，一路上他都有事情：山砲連的觀測員問他陣地應當構築在哪裡？通過預備隊的位置，他問右面的村莊搜索過沒有？在一株大樹下面，他發現了二三十個背包，那都是輕裝排遺留在那裡的。再前進一段，他攔住了送六〇砲彈的指揮車，叫他送完砲彈再把樹下的背包送到前面去……忽然他又伸出表來一看：「啊，四點二十分，應當和第八連聯絡了！」我們坐在樹下，通信兵將無線電話機打開，呼喚了一陣，耳機裡傳出來潘連長的聲音。

潘連長的聲音說：他已經到了河曲部，正在偵察渡河點，對岸山上有敵人，兵力還不清楚，末了，他要求再送點迫擊砲彈去……。

曾放下了耳機，對我說：「你看，我就是這點困難，車子上面一天只發一加侖油，拖兩趟就沒有了，現在第八連要繞這麼大一個圈子去，還不能走車子，營部只配屬了這幾個輸送兵，要送給養送彈藥……。」

我很深切了解他的麻煩，他們每天三點四點鐘爬起來，到深夜隨便哪裡一躺，當部隊長的，入夜還睡不著，有時候整個一晚都張開耳朵聽砲戰。但是他也有他的痛快，比如說：這段路早上我們來的時候還彎著腰，握著槍一步一摸索，到現在就可伸著腰大膽地走，到明天或者他就要進臘戍……。

四點五十分左右，我們到達陳連長位置。

他的部隊都已經配置好了，他自己就準備睡在公路旁邊的乾溝裡面。他告訴我們：剛才敵人向我們射擊三發速射砲彈。因爲這一向緬北常發旋風，我們聽爆炸音往往不能辨別敵人到底使用哪一種兵器。今天中午爆炸了兩次，步兵說是槍榴彈，戰車部隊說是戰防砲，而砲兵則認爲是重砲，可是這一次正前方陳連長聽清楚了，敵人使用的是速射砲。這次三發砲彈都在空地爆炸，我們沒有一個人負傷。

我們沒有帶傳令兵，曾營長、陳連長還有平射砲連一位排長，繼續向前行進，到南姚河岸去偵察敵陣地。

自從緬北戰開始以來，能夠這樣便於展望的地形，倒是第一次。這時候已經暮色蒼茫，路兩邊蘆草被晚風吹得嘩嘩響，剛才還看到蘆草邊鋼盔一動，走出排哨線之後，越顯得冷寂。敵人的砲含默著，我們的各砲也正忙著進入陣地。但是我看到這些蘆草就感覺得心悸，風吹草響更令人慌，——因爲密芝那一役的經驗在我腦子裡作怪。

再前面是一處隘路，公路在這裡鑿開山腹，路旁擺著一架轆軸，我去看轆軸去了。

曾營長喊：「哈！小心一點走，要看路上咯！」這時候他正在躡著腳尖通過隘路，地上的土都挖鬆了，我再仔細看去，原來是一處地雷井，一個個雷帽在他腳下發著澄澄的黃光。

戰防砲隊長數著八個，我在右邊山壁下又發現了兩個，可是曾營長指著柏油路與土地之間，說那邊還有兩個，一共是十二個，擺成兩排。我們都選柏油路面上，敷雷痕跡顯明的地方跨過去。

陳連長說他的監視哨就配備在兩邊山上。這一下子我們通過了他們最前面的任何一個戰鬥兵，進入了「無人地」。公路上實在不能再走了，我們折轉插入路左的蘆草裡。叢草並不能給我們遮蔽，很多地方已經燒光了，有些地方還有餘燼未熄，發散著一縷縷的藍煙。又再前進了三十碼，才到達河岸。

我們散開，各人躺在棱線上有遮蔽的地方瞪著眼睛展望，眼前是一幅不容易看到的圖畫：

這圖畫的背景是一片灰藍，都籠在晚煙裡。正前方有幾座小山，好像一架架小屏風，使我們看不到市區，但是蘆草起伏處有很多鉛皮房子，有幾團煙還在向上升。近一點，一條橫堤，那是向滾弄方面延伸的鐵路。再近一點，可以看到被爆破的鋼架橋，橋礎都不完全了。河寬五十碼，但是現在水淺了，河幅只有二十幾碼，水還齊胸深，河床很低。

我臥在一株樹下，樹葉已經枯了，上面不時掉乾樹枝下來。南姚河的河水流得那麼平穩，四境死寂，天色漸漸入暮，晚風夾著寒意帶在身上。我看不到曾營長他們，莫不是他們繞右邊回去了？我感覺得有點惶恐。

一回頭，他們都回來了，曾營長很高興地說：

「哈，這下子給我們看到三個掩蔽部。」

我趕忙問：「有一個在水泥橋腳那邊直望過去，是不是？」

「還差不多，還差不多。」他們都答著點頭。

敵我相隔只有兩百碼，一切看得清楚，敵人爲什麼不向我們射擊？曾營長說我們的人數有限，他們不值得暴露自己的位置。陳連長說敵人還是射擊，我們來之前他一個人也單獨來過一次，回去的時候曾經給他們射擊了三槍。

平射砲排長說要拖一門砲上來，趁黑夜把工事構築好，明天一早先對那些掩蔽部開始砲擊一陣。

我們再退回營部，半路遇到了團長親自駛車來了，曾營長向他報告我們偵察的所見：「正面的敵人兵力相當雄厚，正面渡河恐怕不容易。我看，還不如將主力由右邊河曲部……。」

「對了，我在這上面飛了半天，這邊到處有工事，並且前面的蘆草燒得乾乾淨淨。你明天就帶呂德清和潘以禮兩連人走右邊去，正面只擺陳新工一連人……。」

團長的意思和營長的一樣，於是，攻擊部署就是這樣決定了，他們再研究彈藥和給養，重彈與煙幕彈……我沒有仔細去聽，我只知道入暮以後，左翼的第四連過去了一班人，戰車群也開設渡河點成功。

第二天是二月六日，我到正午方有機會到他們團裡去。

經過第八英里道標的時候，我聽到我們砲兵陣地的齊放，看到臘戍區的煙火升高好幾百尺。風季的飛沙塞著鼻子，一陣熱氣撲在面上，感覺得辣辛辛的，我自言自語：「糟糕，只恐怕去遲了，好節目都看不到了。」

到團指揮所，那裡面擠滿了人，有孫軍長和李師長、砲兵和戰車指揮官，我不便去打擾他們，只在外面問了前面的概況，知道兩翼都過了河，戰車正在南岸協同作戰，正面陳連長也渡過了一排，陳新工本人還在北岸，我就匆匆背著槍，去找陳連長。

果然，陳連長就在昨晚我們匍匐偵察敵人的棱線上，他正在打電話，但是不但不匍匐，而且高高地站著。他的傳令兵看到我還蹲著，就輕輕地告訴我：「不要緊了，對面那座高地已經給我們占領了。」

這時候我已站起來，下面的情形看得比昨天更清楚了，我才知道：南姚的河床比我們昨天看到的還要深，水也流得比我們理想的要急，上面還有一架急造橋，這是敵人轉讓給我們的，昨天我們就根本沒有看到。

前面山頭確實給我們占領了，可以看到上面有少數的人。上面有兩間房子，正在被烈火燒著，火焰在鉛皮與磚牆之間一捲一捲，老臘戍的幾間房子，還躺在蘆草裡而沒有聲息。右側方有幾座山，戰鬥非常激烈，砲彈和機槍堆砌在一處。在緬北，有這樣好的地形給我們從容觀戰，這是第一次。

陳連長還在打電話，火箭排的陳耀排長向我招呼：

「哎呀，黃□□我今天幾乎被打死了。」

「怎麼攪的？」

他指著他的右腿，今天他穿著短褲，綁腿和皮靴都浸濕透了，右腿上裹著一個救急包，皮膚上又抹了很多碘酒，兩個腿子的粗細不同，顯然右腿腫了。但是他的回答還是幽默而短捷的，「槍榴彈破片。」

今天早上，他和第八連一同過河，渡河的時候敵人根本沒有射擊。我們搜兵走到敵人的掩蔽部前面他們還不射擊，但是等到一個搜兵跳進敵人的交通壕裡，他們突然開火。裡邊是一塊耕作地，上面連一點遮蓋也沒有。敵人兩面機關槍交叉，還打槍榴彈，他認爲今天活不成了，心裡越想越著急。他想下來拿火箭，跑回開闊地一半，就被破片打中了，他只好平躺在地上。「後來，幸虧他一個煙幕彈，救了我一條命。」他指著山砲連的觀測員。

「最糟糕的，傷口在河裡浸了兩次，因爲這邊陳連長又要火箭，——這次是我第五次負傷，前後輕重負傷五次，都在本營裡。」

敍述完了他又張開嘴笑。

戰況繼續進展，陳連長和陳排長都向南岸推進，我跟著他們去。

過了那道便橋老臘戍在望，首先看到的是道右一處加油站的痕跡，想不到三年以前的黃金口岸，如今這樣冷落。再走兩步，地上躺著兩架印刷機的肢體。

道路左右還沒有詳細搜索過，現在第二排派遣的搜兵，正向兩旁伸展，道路以右是叢草地，這些步兵勇士們上著明晃晃的刺刀，鑽進叢草裡去了。

愈向前面，幾座著火的房子愈看得清楚，它們懸在山腹上，很不在乎的受著炮烙之刑。因爲它們都是鉛皮和磚牆，所以著火很久，並不崩潰。我們在山麓，也可以感覺得它們身上的熱力。有一個弟兄跑到著火的房門口去，遇到裡面一粒著火的子彈突然爆炸，又匆匆跑出來了。

陳排長還一面和我談著午前的戰況：「這座山頭，就在這山頭上，起碼有一中隊的敵人，不知道這邊敵人爲什麼這樣慌張，我們把平射砲和迫擊砲一掉，他們站起來就跑。他們說：好像密集隊形剛下解散口令的一樣，有很多人跑到後面山地裡去了，但是迫擊砲也打死他們不少……。」

這時候左右兩翼都經過搜索，陳連長決心先占領鐵路和公路的交叉點，他的連部和一排人在這裡，另外一排人沿著鐵道線向西，另外一排人沿著公路線向南，都要他們先上去搜索一千碼。這幾位排長帶著隊伍走了以後，陳連長認爲右面飛機場很空虛，他要陳排長把火箭配備在那一面，免得被戰車逆襲。但是陳排長認爲公路上也很重要，他們在討論，陳排長說：「連座，看你的意思怎麼樣，我只覺得這種地形，反正是防不勝防，到處都可以來戰車。」

忽然，右面的槍聲又突然加密，那是南岸的一個制高點，三七八六高地。我站高一點，看到迫擊砲和山砲的爆煙都在山腹，只是正面對著陽光，看得不清楚。我心裡有點著急，曾營長帶著他的一營人都向那邊去了，今天他們免不了一場苦戰。他們要順次序奪取那幾座高地，才能到達車站。

再看正前方，公路上我們的搜索班沿著路兩側向市鎮的心臟直去，沒有人阻攔他們。再前進了兩百碼，也沒有人阻攔他們，又再前進了十碼，槍聲突起。這些子彈並沒有向他們瞄準，這是第二營的部隊剛由山地下來，通過竹林，與老臘戍街上的敵人交戰，剛好彼此的集束彈道橫亙著他們的去路，他們都臥倒了。

機關槍的火力非常兇猛，兩方都有三四挺，都在連續放，我們的六〇迫擊砲也夾在裡面助威，聲音就是「塔塔塔塔統！塔塔塔塔統……」有兩顆流彈飛過我們頭上，我臥倒了，但是陳連長和陳排長都站著。他們對於使用火箭，已經有一個滿意的決定了。

他們火戰持續了半點鐘，到槍聲突然停頓的時候，第一營占領了老臘戍。曾營長那邊還在激戰。於是陳團長毅然變更配備，他把原作預備隊的第一營沿公路超過第二營去擴充戰果，第三營留在原地作預備隊，還向側翼警戒，第七連沿著鐵道向西南壓迫，截斷敵人的後路。這樣，第三營的兵力比較集中，正面也比較小。

這計畫成功。入晚，曾營長拿下了火車站，戰車群並且追敵至新臘戍附近。

三月十一日

三月十三日至十六日《軍聲》

新臘戍之役

三月七日早上，我坐戰車營趙營長的小指揮車到他們的宿營地。當時我並沒有隨同他們去作戰的企圖。

他們露營在南姚河的北岸。蘆草叢裡，縱橫擺著幾十部輕戰車和中戰車，砲塔上用紅白漆料塗著猙獰面目，裝甲上楷字大書「先鋒」「掃蕩」和許多耀武揚威的字句，頂上天線桿掛著戰旗。挑戰的色彩多麽濃厚！這幾個月來，他們的戰鬥技術大有進步，而戰鬥精神越來越近乎「猖獗」了。

孫明學連長和我們握手。這位連長，一口長沙語調，一副紅紅的面孔。昨天下午，他還在老臘戍和新臘戍之間縱橫馳突，入暮回來，馬上督導官兵擦拭槍砲，檢查機件，裝填油料，整備彈藥。昨天他自己的乘車被砲擊，無線電天線桿被打掉了，也不知道他用什麼方法繼續指揮他的戰車群作戰。昨天晚上，他們全連官兵頂多不過在滿天星月和寒風冷露的草地上一躺，現在，他們又準備今天的戰鬥了。

昨晚，他們有兩部中戰車被擊傷：一〇一號的惰輪扁了，三十四號的支重輪被打掉了一個。兩部車子上的人員都在步兵線外徹夜（因爲天黑路遠，沒有其他方法）。現在他們派三部中戰車上去，一面帶給養和彈藥給他們，一面支援他們，還準備待機出擊。

我一看著砲塔上的槍砲就羡慕不已，於是我問孫說：「我也去一個！」他說：「好吧！」就叫一二八號的副駕駛手下來。這位副駕駛手，我真對他不起，他滿不高興地快快將無線電耳機和發聲帶交給我，一個人跑到草堆裡去睡覺，我就拿著我的鋼盔水壺和地圖爬進副駕駛手座位。趙營長臨時也想去一趟，他跑到十四號裡面去了。

我們三部戰車，十四號領先，十一號居中，我們在後面，排成一路縱隊前進。沿途的灰土大得不得了，戴上防風眼鏡還睜不開眼睛，許多灰粒跑到鼻孔裡不僅使鼻管奇癢，還使喉管以上感到刺痛。我再把耳機掛上，聲音倒很清楚，裡面的聲音說：「十四號，十四號，我是十一號，我是十一號，你走錯了，你走錯了，你應當走右邊上渡口，你應當走右邊上渡口！」果然，我們繞到上游的渡河點時，繞得太多，後來在一處空地裡倒了一個頭才轉回來。

馬上有一個問題使我疑慮不已，他們的車子在右側方擺了一個汽油桶，完全暴露在外面，要是給敵人一砲打中了，我們豈不是自備火葬的燃料？到渡河口附近我們車子熄了火，我問駕駛手左伯春滅火機在哪裡，他反問我爲什麼要滅火機。我說恐怕綁在外面的五加侖油箱著火，他笑著：「呵，那不是汽油，那是給他們前面的人喝的開水。」他再把車子發動，我們在鐵橋附近渡過了南姚河。那時候我心情平靜。一面想：中戰車真好，要比輕戰車少好多顛簸。

車子在一條牛車路的左右走著，我把地圖對照地形，知道我們的路線完全貼著臘戍以東的山麓。起先，我們距滇緬路一千五百碼，後來慢慢折向西南，隔公路愈加近了。這一片地區內，都是半遮蔽的灌木林和完全暴露的耕地，中間有幾棵大樹，地圖上還有一根小黑線表示這裡有一條淺溝，但是事實上淺溝的寬度有十幾碼。我們曲折地走著，到老臘戍附近，才超越過這條淺溝。這時候我們在耳機裡聽到排長向孫連長報告：「我們過了第二道河，我們過了第二道河，到老臘戍了，到老臘戍了。」

老臘戍有很多房子，雖然給機關槍打了很多洞，但是還沒有完全破壞。附近有幾所房子，圍牆、園門、屋檐都是國內的式樣，旁邊也種著一叢叢的竹林，大有江南風味。昨天晚上，陳團長的第二營才攻到這裡，沿路我們看到幾個步兵踞在蘆草下的工事裡，他們的姿勢那麼低，我們就從側後方上來。不仔細都不能發覺他們的位置。

後面自動砲架上的砲彈傾箱倒篋的在我們右側方爆炸，照地圖上看，都在新臘戍西北幾座高地上，恐怕今天曾長雲營長還有一場激戰。我們的前面卻還靜悄悄的沒有戰鬥。

繞過一個小村莊，看到三十四號。三十四號的人看到我們來了，都從車底下跑出來。十四號又用無線電指示：「留一個機工，留一個機工在這裡，分一半給養與水給他們，分一半給養與水給他們：你們快點跟我上來，快點跟我上來。」我們遵命照辦，這一次我更看清楚了，綁在前面的油箱裝著開水，不是汽油。

車子再繼續前進，十四號叫我們成梯隊，他自己在前面，我們在右後方，十一號在左後方。隊形隔公路只有二三十碼，看到公路上有一座白塔，我們大家心裡明白：「脫離步兵線了。」我們三部戰車都沒有放掩蓋，爲了遮蔽敵眼，大家都鑽著灌木林前進。車地面並不很平，我看到左伯春很吃力，隨時要搖動左右操縱桿，有時候還要用倒擋。車長孫鵬站在砲塔上指揮，唯恐車子掉在蘆草叢裡的深坑或者汙泥地裡去了，有時候他很著急，就在無線電裡叫：「左伯春，向右，快向右一點！快！右邊在哪裡你都不知道！」

我也並不痛快，車子盡向灌木叢裡走，很多小樹枝都曬乾了，履帶一壓過去，樹尖變成了半寸長的木屑，一跳就跳到我衣領裡面。灰塵比我吸進去的氧氣還要多。又走了七八分鐘，才到一〇一號的停車位置。

一〇一號的附近比較開闊，我們開到附近，孫車長告訴我們，這蘆草邊再上去一千碼，就到了新臘戍。我想看看新臘戍，但是極力看去，只看到兩間草房子，看不到街道。

「敵人的砲來了！」

果然，彈頭波越來越近，四周空氣一緊一鬆地在畫圈子，然後在我們一百碼後面突然爆炸。「趕緊把車子隱蔽起來，敵人的觀測所就在山上！」

孫鵬、左伯春和我趕緊跳上車子，像松鼠一樣快，左伯春把車子一直開到灌木叢裡深進去二十碼，才把車子熄火。這時候我們又聽到敵人的彈道波在空中畫圈子，這次圈子畫得比較大，砲彈落得比較遠一點。

又有四五發砲彈在我們後面好像我們越過那條淺溝的地方爆炸。但是他這一射擊，給我們聯絡機看到了，我們重砲馬上吐出一百磅左右的「大鐵筒」去制壓。我們聽到「大鐵筒」在臘戍後面的爆炸，真是撼天動地。

趙營長在一〇一號車子附近。有兩部輕戰車早上出去偵察新臘戌的敵情，這時候到達這裡，他們幾個人研究敵情去了。我們沒有事做，聽到敵砲被制壓了，膽子又大起來，慢慢跑到車上站在砲塔上，指手畫腳地看新臘戌。

我剛從蘆草裡伸出頭來，看到山頂上的幾間房子，忽然覺得不對，敵人的彈頭波又來了。並且聽得非常清楚，正對著我們越來越近，彈著一定就在我們的位置，馬上要和地面接觸了，我直覺得今天可糟了，慌急之中我向副駕駛手的圓洞裡跳，我還只跳了一半，耳鼓裡來了一下開天闢地的大震動：「康！」接著是一陣轟轟轟的聲音，煙硝塞鼻。這發砲彈掉在我們正前方二三十碼，幸虧前面是蘆草蓋著的深溝，我們叫這條深溝做救命溝，要不是它，我們現在最低限度是躺在醫院裡。

「敵人砲兵還有這樣的厲害呀？」我的頭上在跳洞的時候被掩蓋邊擦去了一線皮，我們不敢再伸頭看新臘戌了。

後來我們躺在戰車下面也不知道躺了多久，我們的戰車熄了火，但是無線電機是打開的，裡面在說話：

「長沙、北平，我是十一號，我是十一號，安平回來了，安平回來了。據華僑說，據華僑說：城裡的敵人不多，城裡的敵人不多，營長的意思，營長的意思，要華僑帶路，要華僑帶路，我們三個先去幹他……。」

「要我們三個去幹！」一陣興奮，大家又從車底下跑出來坐在地上。

可是，孫連長說：要我們等他一下，他十二點鐘自己來，並且準備把大小「家私」一起帶上來，要去大家一塊兒去。以後的無線電我沒有聽到，不知道是說街市上不宜擠多了戰車？還是機會不可錯過？到最後，孫連長依然同意我們「三個」先上去。孫鵬叫左伯春把戰車發動，又問我去不去，我答覆他當然去。於是，大家就位，戰車發動。先倒車到原來的地方，再成梯隊，向右轉，前進。趙營長派那擔任搜索的輕戰車到白塔附近去找步兵的排連長，把華僑的話告訴他，並且要他們協同動作。一五一號去了，他沒有找到他們的官長，他看到一班步兵，要這十幾個弟兄統統爬在車上就一起載了上來。

這班長是一個很古怪的傢伙。他說：他的排長已經帶著兩班人沿公路到街市上去了，他是援隊，本來要聽前面的記號才能上去，剛才排了兩次聯絡槍沒有聽到排長的回聲。現在既然如此，你們戰車繞街市的左邊前進，步兵當然靠右邊，反正是要上去的，現在沒有排長的記號，他也就不管了。「成散兵行！前進！」他帶著他的一班人沿公路向臘戍方向去了。

戰車梯隊向前又捲平了一堆灌木，才到通市區的大道。這是新臘戍的東北角，這些地方有很多飛機炸彈的彈痕，我們改成縱隊前進，並且在變換隊形的時候，我和左伯春放下了掩蓋。

潛望鏡裡又是人生難得看到的圖畫，轉過一個彎後，新臘戍突然整個擺在面前。沿著山谷都是五碼以上寬度的土路，從山腹到山頂，到處擺著灰色磚房、紅色洋房，夾雜著幾個矮小的土房和點綴景致的小樹。眼前這幾十座建築突然出現得這麼近，而且擺在那邊這麼靜，一個人影也沒有，彷彿如在夢寐。火車上的旅客，在月夜裡經過一座小城市的時候，或者可以看到這樣的一幅圖畫。但是，現在太陽當頂，這種景象只有戰場上有。啊！這種靜肅靜得叫人心慌。

我把座前的小燈打開，再旋動潛望鏡，這間房子就是地圖上這一點小黑點，我們正由東北角突入市區。三部戰車還是成縱隊前進，我們仍舊在後面。耳機裡又講話了：「一二八號，一二八號，我是十四號，我是十四號，你靠右邊一點，但是不要向右邊射擊，那邊有步兵上來。你聽到了沒有，你聽到了請你回答我。」孫鵬在砲塔裡回答：「十四號，十四號，我是一二八號，我是一二八號，你講的話我聽到了，你講的話我聽到了！」他回頭叫左伯春靠右。這時候，我回頭看去，他還沒有關上砲塔上的掩蓋。

我把重機關槍子彈帶上好槍身，固定銷也鬆了，一個房子過去了，沒有開始射擊，兩座，三座房子過去了，也還沒開始射擊。我總得找點事做，我拿水壺喝了兩口水，又把無線電的接頭接緊。我覺得頭上在流汗。

到山腹上了，兩邊的房子看得清清楚楚。外面紅瓦灰牆，裡面是奶油色。三部車子在附近停留下來。十四號叫：「現在開始射擊。」話剛說完，他們車上已經開火，我們砲塔上的機關槍也在開始射擊。

正前方，道路懸掛在山腹，一眼看出可以看到四五百碼，前面幾個山頭也看得清清楚楚。右側有另外一條路在這裡交叉，沿那條路上山可以到新臘戍的中心區。現在我們機關槍射擊正前方一座掩蔽部，十一號車子旋轉砲塔對準對面山頭，昨天他們發現那邊一帶有敵人的平射砲，他們對那邊砲擊了兩發。我緊握著槍柄也對著前面掩蔽部附近連續射了幾十發，曳光彈四射，我的彈著低了，修正之後，我又射擊了二三十發。

孫車長也在那邊喊：「我們小心一點，不要向右射擊。」我把槍身和潛望鏡旋向左面，房子基腳上可能有敵人潛伏，我又對那邊掃了一陣。

左伯春又把車子向右旋，我才看清楚，右邊上山的路曲折成之字形，我們沒有沿路走，只對著之字的中央直爬上去。一路孫鵬在叫：「左伯春小心一點，注意路上的地雷！」我一路射擊房屋的基腳，有時候也幫左伯春看看路面上。我們一共只有三部戰車，要是我們的履帶給地雷炸斷了，或是給砲彈打壞了，這是如何嚴重的災難！

爬到山頂上，房子更多了，想不到山頂上還有這樣一塊平地。我們開進一片曠地，裡面還有一個足球場！再進去一點，兩間房子外面用木桿釘著「停車場」三個字，這一定是敵人的司令部。門口還有一座三個大口的掩蔽部。左伯春把車子停了，孫鵬在叫：「向後搖，向右後搖！」我回頭看去，射擊手正旋轉砲塔，彈藥手已經拾起一發砲彈，他們的掩蓋還沒有關。「康——當」火砲的後座力使車子震了一震，彈藥筒掉在鐵板上，發出一響清脆的聲音。我們隔那座掩蔽部只有五十碼，這一下煙灰在那上面開了花，這陣煙花慢慢地慢慢地放大，好像黃色顏料筆浸在一杯清水裡一樣。十一號和十四號也在拚命射擊，我看到他們機關槍口的曳光彈，有幾顆曳光彈剛出槍口兩三碼就掉下來了，繼續在地上燃燒，放出一團紅光。我也擺動我的機關槍，向房屋的樓上和地下都很乾淨地掃射了一陣。根據我們的經驗，這下面可能藏狙擊手——可是我的槍發生故障了。

我盡力的拉機柄，但是拉不開，並且槍身燙熱。我在座位右邊拾一塊布片包著機柄用力才把它拉開，又拉了一次，一發不發彈跳了出來，槍又可以射擊了。我的心鬆舒了，我覺得襯褲都被汗濕透了。

右前方也是敵人的工事，附近有很多蘆草，因爲在右方，我想問孫車長，好不好射擊，半天他沒有回答。我低頭一看，發聲帶和無線電接線已經斷了，我趕緊接好。但是孫車長和砲塔裡的幾個人很忙，他們盡量在發揮砲塔上槍砲的火力。我想：我低一點射擊大概沒有關係，我把槍身稍稍放低，食指擺在扳機上擺了好久，機關槍在嘩嘩地歌唱，盛彈殼的布袋越來越重。我們離開那裡的時候，蘆草正在著火燃燒。

我打完了一條彈帶，趕快再在腳下拿出一箱子彈。我偷看左伯春，他沒有機關槍，一到車子停止的時候，就轉著潛望鏡看四面的道路。

車子又繼續爬坡，爬到頂上繼續下坡。我們已經深入市區，經過一道柏油馬路。房屋越來越密集，我們也越射擊越凶。我計算，我們在街上起碼走了一英里。忽然孫鵬在上面叫：「左邊有敵人，快向左搖！」我把潛望鏡向左旋過去，左邊是一片空曠地，上面有好幾個彈痕和倒在那裡的木頭，四百碼之外，有兩棟房子。果然，有一個人在那邊橫跑過去。我想搖動機關槍，不行，我的機關槍不能再左了。這時候砲塔上開砲了，孫鵬叫：「太低了。」又開了一砲，才把那兩棟房子給塵土籠罩住。

我記得很清楚，我們由東北角插進新臘戍，一直穿到南面的盡頭。那邊有短短的兩條街，房屋建築和重慶的過街樓附近一樣。我們還看到一家別墅式建築，門口停著一部小轎車，在那附近射擊時，有一條狗突然跑出來，在我們的彈道下突奔而去。

我們折轉回來，再到一處山坡上的時候，十四號叫我們到他們右邊去，右邊都是飛機炸彈的彈痕，孫鵬回答他：「地形不許可。」就在這時候，一聲爆炸，許多顆粒掉在我們車子的裝甲上。孫鵬喊：「快拿藥箱給我。」左伯春把座右的藥箱遞過去，我也跟著他遞藥箱的手右後面望去：孫鵬自已負傷了，他用手掩在頭上，一臉都是血。

我覺得不大妙。我想：今天這次攻擊恐怕還要遇到一點痲煩，還有痲煩……。

幸虧孫鵬還很鎮靜，他在指揮射擊手和彈藥手幫他敷止血粉，左伯春自動把車子向左前方靠了一點。我看到砲塔上的掩蓋還沒有蓋，我剛要叫喚，他們已經把掩蓋放下去了。

這時候全車都在黑暗中，只有座前的小燈和掩蓋上的空隙有一點點微光。砲塔上的人都幫車長止血去了，整個砲塔像一隻沒有舵的船在自動旋轉。我覺得我目前的責任應該加快射擊，免得被敵人的步砲兵乘隙。但是我剛射擊了兩發，槍又發生故障了。

又一顆砲彈在我們和十一號車子之間爆炸，隔我們不到十碼，我看到整個的漏斗形，雖然關了掩蓋，一陣陣灰與硝土仍然塞進掩蓋的空隙，撲在我們面上。機槍依舊拉不動，我又不知道車上的天線桿打斷了沒有，我覺得一身燥熱……。

忽然聽得孫鵬叫左伯春倒車，心裡稍爲鎮靜一點。一下我猛然發覺機槍上的故障是彈帶上的彈頭不齊，我抽出一個子彈，又拉了一次機柄，槍又好了。同時砲塔上的槍砲也再度射擊。孫鵬向十四號報告他頭上被打了一個洞，沒有什麼關係，還可以繼續戰鬥。無線電裡我們聽到十一號車上也打傷了一個。

我以爲我們回去了，但是不，我們從炸彈痕邊打了一個轉，又進了一條街。路上有地雷，我們仍舊在道路以外走，又經過了一所空洞洞的房子，上面有「酒保」兩個大字。再穿出一條小路，到底回去了。半路上有一個步兵排長提著衝鋒槍跑到戰車旁邊問情況，趙營長打開掩蓋和他說：「城裡的敵人不多，我們所看到的掩蔽部和房屋基腳，都經過徹底的射擊……。」

我們回到出擊陣地已經午後兩點，我們一到，孫連長他們的第二批又出發了。孫鵬的頭上雖然結了一層血殼，但是沒有關係，紅十字車又幫他綁紮了一次，他覺得有點頭昏，但是精神很好。他說：「這是砲彈打在附近牆上，把磚瓦飛起來打中的，要是破片打在頭上那還得了……。」第十一號車子上的射擊手也傷在頭上。還有，我們的砲塔不能固定了。

面上的煙灰使他們不認識我，我在地上走了五分鐘，才慢慢知道腳是站在地上。左伯春給我一包餅乾，我胡吞胡吞就吃完了，好像塞在人家的胃裡。

我看到趙營長：「今天我們和營長是第一批漫遊新臘戍……。」

趙營長：「哪裡是漫遊，簡直是破壞新臘戍！」我們並非有意破壞新臘戍，他故意用這樣「猖獗」的字眼來提高他營裡的戰鬥精神。

當天晚上，陳團長的步兵占領了新臘戍街市的一半，同時他把西北角山地的敵人肅清了。第二天上午，他占領了整個新臘戍。

三月二十三日至二十八日《軍聲》

「業餘新聞記者」（代跋）

在緬北戰地，我以正規軍人而兼寫些戰訊，很多同事們開玩笑稱之爲「業餘新聞記者」。我因爲這名字響亮好聽，也就受之不疑。

以上這十幾篇通訊就是從事業餘新聞記者一年多的記錄。一年之內，只寫了這一點點東西，覺得很慚愧，但是有「業餘」兩個字給我做掩護；既是業餘，則質與量的方面，當然要比職業的記者差了。

嚴格講來，通訊雖有十幾篇，內中有新聞價值的卻很少。因爲我沒有一種按時間向某一家報紙通訊社供給新聞資料的必要，不過隨業務上的便利敍述戰場上的幾個故事。

現在把這些故事印成一冊，也不過是留點紀念的意思。好了，我既然已經拖泥帶水地把這一點見聞出版，就索性再來一個畫蛇添足。以下是這些故事中的故事：

因爲是軍人，我比很多新聞記者要多得很多便利。例如說：我可以在司令部裡知道敵情和我軍行動的概要；到各作戰單位去時，行動比較「輕便」；我很容易和各單位的下級幹部混熟，不大費力就可以知道戰鬥的實況、戰場上至微細的點綴和戰鬥間至機妙的變化……。

但是，也因爲我是軍人，而且有了固定的工作，所以要多遇到很多困難。我的行動應當以工作爲準據，不能以新聞價值和趣味作準據。這一年多來，有好幾次有報導價值、有欣賞趣味的戰役我都不能參加。例如加邁孟拱合圍時我在戰鬥部隊的三十英里後面，在電話裡每天聽到陳鳴人團長在西湯苦戰，竇思恭營長在繼續南下，我就始終沒有機會去看一看他們。又如南坎外圍五三三八高地之役，是緬北空前未有的遭遇戰，新三十師在那邊以一敵六。到事後我聽到陳星樵團長說：「敵人用講話隊形①衝我的山頭，後來情況變化，他們用電話通知我，說是有幾百敵人跑到團部後面來了，我就只能用一個戰防

① 部隊長官講話時，將每連之三排合圍馬蹄形，通稱講話隊形。此處形容敵兵員之密集。

1945年1月中國遠征軍與中國駐印軍在中緬邊境芒友會師。緬北會戰勝利結束。

槍排去對付他們……。」這是如何壯烈的戰鬥！結果他們還是大獲全勝！但是他們激戰的幾天，我正在大後方。我不想把所有的戰役記載下來，但是我曾希望把頂出色的戰役親自看過之後記載下來。我之特別提起上面兩次戰役，因爲這是我最大的憾事。

我自己有這麼一個癖好：我想在文字裡注意營以下的動作，而極力避免涉及高級長官。當然，我在這小冊子裡面也曾偶一提及高級長官，但是都再三考慮過。我很羨慕很多美國記者的辦法：他們的戰地通訊，不提及戰略戰術；他們自己和第一線戰鬥兵共同生活，晚上睡自己掘的掩蔽部。所以他們的文字，是戰鬥兵的行動、戰鬥兵的生活與戰鬥兵的思想。戰地通訊裡有這一點藝術的忠實，特別值得玩味；我們高興看戰鬥正在進行的畫片或電影，也是基於同一的愛好。戰場上有很多生動的鏡頭，例如槍響砲飛之下，許多蝴蝶還在樹林內來去；一場劇戰之後，陣地的突然沉寂，工兵架的小浮橋在河上生出倒影……都是要親所目睹，才知道景象的真切。敍述大部隊行動與高級官長的指揮時，文字容易重覆；但是你如果記述戰鬥，只要你有耐性，盡可以看到每天的經過都是新鮮的。我並不是說每個新聞記者都要如此，戰地通訊的頭緒萬千，像約翰．根室的專敘人物，何嘗不流利、生動、有趣，我在這裡再三嘮叨不過提出一點癖好，以及這癖好的理由。在本冊內自拉班追擊戰之後，我希望以後所寫通訊都以親自在戰鬥部隊目睹爲限（當然，也有一部分不是，如加邁孟拱戰役）。這一年以來，我在各部隊裡，各部隊長官給我莫大的便利；他們除了給我經常工作的便利以外，還給了我很多「業餘新聞記者」的便利。只是我想要保存我的癖好，對於沒有真切看到的戰鬥，或者看到而不詳盡的戰鬥，或者還因爲本身工作所限，卻不能一一爲之表揚。對於各位長官，我真感覺得歉罪。讓我再說一句吧：我不願丟掉我的癖好。

還有好幾次，我遇到幾位中級官長對我說：「你不要在文字裡太強調了補給和砲火，人家以爲我們駐印軍的勝仗……。」但是我覺得補給圓滿、火力充分與打勝仗的榮譽無傷。補給好、火力強只是打勝仗的一個條件。戰略戰術的運用，戰鬥的強韌精神，只會與這兩個條件配合而相得益彰，決不會被這條件埋沒。況且許多都是戰鬥間的事實，如果截去那一部分，就等於抹殺事實。我自信並沒有對這兩點有任何的誇張。或者還有些沒有到過緬北戰場的讀者，會懷疑我對地形的敍述太誇張。我可以籠統地答覆：一點都沒有誇張；只有文字沒有力量，還沒有把事實上的強度全盤描寫出來。

這十幾篇通訊沒有能夠有系統地將緬北各戰役作一剪影，但是還保存了幾場戰鬥的細節；這中間包括兩次戰車攻擊，一次飛機轟炸，一次負傷和幾次步砲兵的戰鬥。可惜的是，我沒有參加迂迴部隊的經驗。伐路前進和迂迴，是緬北戰場的傑構，每一次參加這種動作的部隊要忍受不可形容的苦痛，到達指定地點以後要準備幾面受敵，一直要等到正面部隊收穫戰果之後才有充分的休息與補給。我曾幾次想參加這樣的行動，但是都因爲職務上的關係不容許。有一次，並且和領隊的營長商量好了，結果還是接到旁的命令只好臨時棄權。假使我能參加那麼一次，這本小冊子一定要生色不少。

又這十幾篇文字何以會成爲現在的面目，我也願意作一各別的解釋：

〈更河上游的序戰〉和〈緬北的戰鬥〉都是在戰線後方寫的，但是內中的資料，除了一部摘自戰報之外，曾參照參加戰役的人員談話。前者在《大公報》發表時，用的登新聞的雙標題：「我駐印軍鋒芒小試，更河上游予敵重創。」至於後者所以用那樣一個籠統的題目，是因爲當初準備以新聞爲主體，將繼續發生的各戰役以每次一千字左右連續寫出，作爲一個像專欄樣的東西。後來一方面沒有報紙合作，一方面到前方以後，我也知道時間、空間的環境不容許，才決定改變初衷。所以一篇大奈河，一篇大洛的戰鬥，也頂上那樣一個大帽子，又：這裡面的××部隊是新卅八師主力，□□部隊是新廿二師六十五團。

〈孟關之捷〉全篇以獲取敵人的退卻命令作故事的連鎖。這故事得自同學鄧建中副營長處。他那時候在新卅八師當情報參謀，命令就是他翻譯的，但是我要增加文字的小說性，竟把他寫成一位戴高度近視眼鏡的日文翻譯官！這裡面的「李明和」、「穿山甲」都有相當的根據，只是讀書不要太認真了，這不能完全算戰地通訊。又這篇文字初在《大公報》發表的時候，被編者截去第一段的一部分，我覺得截斷之後，故事與句法都受影響，現在我仍把它恢復成原來的樣子。

〈拉班追擊戰〉所寫的美國聯絡官McDaniel上尉，一個月後果然升了少校，以後我們在八莫相遇，還互稱患難朋友。在砲戰的一段內提及的砲兵連長是山砲第一連金連長；觀測員是李克少尉，我在密芝那負傷住院時和他同一個病房，他後來在瓦拉渣附近受傷，一塊破片幾乎截斷他整個的右臂。據他說：拉班那幾天，是作戰以來敵人轟擊我們最猛烈的一次。裡面所敘的「李大砲」是李營長定一（現在以戰功升團長），他的綽號是中西聞名的，美國軍官也都叫他BIG GUN LEE。

〈密芝那像個罐頭〉裡所寫的凡公師長是前任新卅師胡師長素，□□部隊長是前任八十九團王團長公略，楊先生是楊團長毅，□□部隊是龍師長天武所部的十四師第四十二團，我曾在該團的第六連任排長，這篇文字後來還給舊金山一家中文報紙轉載，但是刊出時並沒有用轉載字樣。

〈八月十四日〉寫過之後，我曾去新維附近。據一位華僑說，朱參謀他們一行的脫險並不是那樣單簡而充滿喜劇性。他們一遇到雲南同胞，大家就知道他們是空軍人員。後來有幾位華僑，由一位曾在軍校畢業的同學領導著，一同護送他們到游擊區。以致敵人遷怒於當地土司和華僑會長，他們兩個都被捕，土司逃了，華僑會長就被敵人戕害了。又〈八月十四日〉這一中隊是空軍第一大隊第四中隊。

以上各篇除了〈八月十四日〉是在辦公室裡慢慢追憶的以外，〈密芝那像個罐頭〉是在病院小鐵椅上寫的，其餘大都在前方指揮所寫成，大部分文字都是趕住時間性，沒有什麼時間思索。我現在再讀一遍，我知道其中的缺點。這共通的缺點是對故事沒有剪裁，文字的重點形成微弱。假使一切再來過一遍，我猜想我會寫得比現在要好。

最後，我要衷心感謝桂公副總指揮（鄭洞國將軍字桂庭），沒有他的鼓勵和引導，這本小書還不能寫出。他在前任新一軍軍長和駐印軍副總指揮任內，分配我的工作時，都兼顧我的志願與興趣。〈密芝那像個罐頭〉的第一段裡，可以窺見他的作風（加邁孟拱戰役前他是新一軍軍長，爾後因戰功升任副總指揮，總指揮爲史迪威將軍兼）。尤其可感的：他從來沒有限制我寫過什麼或者禁止我寫過什麼，他不僅沒有示意我爲他個人宣傳，並且覺得以寫「溫和的微笑」爲無聊。緬北作戰時，他和我們一起淋著雨，一起在尺多深的泥面裡一口氣跋踄幾英里路。瓦拉渣之役，他親往第一線營連，密芝那之役，他一度跑到距敵五十碼的坑道內，並且多少次在敵陣上空飛行。這些事跡，他都任之默默無聞。這本書七八萬字，沒有一個字在排成鉛字之前經過他或者他指定的人看過。他自己就往往做我貼報簿上的讀者，〈密芝那像個罐頭〉在《大公報》發表之後一兩個月，他才有機會看一遍。他的批評是：「太長了，把你自己寫成故事的中心人物也不大好。」所以我特別欽慕他那種尊重事實和謙沖的美德。這本書的材料收集一半時，他鼓勵我「再多寫些」。我能夠提筆亂寫，沒有做「御用」記者，還能保持「業餘」的身分，對他這一點感謝之意不算「頌聖」。並且就算是位「業餘新聞記者」在付印之前,也不準備交他看。

民國三十四年三月三十一日,雷多公路

抗戰時著軍裝的黃仁宇(後排最右)與親友合照。

黃仁宇文集

緬北之戰

2006年5月初版
2024年12月三版
定價：平裝新臺幣320元
精裝新臺幣550元

著　　者　黃仁宇
責任主編　沙淑芬
校　　對　陳龍貴
封面設計　兒日

編務總監　陳逸華
總編輯　涂豐恩
總經理　陳芝宇
社長　羅國俊
發行人　林載爵

出版者　聯經出版事業股份有限公司
地址　新北市汐止區大同路一段369號1樓
叢書主編電話　(02)86925588轉5310
台北聯經書房　台北市新生南路三段94號
電話　(02)23620308
郵政劃撥帳戶第0100559-3號
郵撥電話　(02)23620308
印刷者　世和印製企業有限公司
總經銷　聯合發行股份有限公司
發行所　新北市新店區寶橋路235巷6弄6號2F
電話　(02)29178022

行政院新聞局出版事業登記證局版臺業字第0130號

本書如有缺頁，破損，倒裝請寄回台北聯經書房更換。
ISBN 978-957-08-7533-1 (平裝)
ISBN 978-957-08-7542-3 (精裝)
聯經網址 http://www.linkingbooks.com.tw
電子信箱 e-mail:linking@udngroup.com

國家圖書館出版品預行編目資料

緬北之戰 / 黃仁宇著 . 三版 . 新北市 . 聯經 .
2024.12 . 208面 . 14.8×21公分 . （黃仁宇文集）
ISBN　978-957-08-7533-1（平裝）
ISBN　978-957-08-7542-3（精裝）
[2024年12月三版]

1.CST：第二次世界大戰　2. .CST：中日戰爭
3.CST：戰役

628.58　　113016492